ISLAND

Ein Fohlen, ein junges Pferd, was hatte das in Island zu bedeuten?
Auf allen Höfen der rauhen, harten Insel am Rande des
Nördlichen Polarkreises werden sie gezüchtet. Island ist ein Land,
das man sich ohne das Pferd nicht denken kann. Es ist eines
der letzten Länder, in denen sich das Pferd noch behauptet … es gibt
weite Landstriche, durch die nur Saumpfade führen, unwegsame
Sümpfe und Felswüsten mit schäumenden, brausenden Flüssen, die
nie den Zwang einer Brücke duldeten. Abseits der wenigen
Verkehrsstraßen ist «Pferdeland» und «Schafland».

Hugo Kocher

Der See Jökulsárlón am Fuß des Gletschers Breiðamerkurjökull.

◁ *Viele der robusten Islandpferde werden in großen Herden das ganze Jahr auf offenen Weiden gehalten, wie hier in der Nähe des Hofes Glaumbær, Nordisland.*

ISLAND

FOTOGRAFIE FRITZ DRESSLER
TEXT KARL-LUDWIG WETZIG

BUCHER

INHALT

Bildkapitel · Fritz Dressler

22 Hauptstadt Reykjavík
46 Der Südwesten
72 Der Süden
100 Der Westen
124 Der Norden
150 Der Osten

Textkapitel
Karl-Ludwig Wetzig

13 ISLAND – EINE INSEL IN BEWEGUNG

13 Insel der Seligen oder Höllenschlund

17 Die Uhren schlagen Weltzeit
20 *Daten zur Geschichte Islands*
39 «Inseln sind besondere Orte»
40 *Der Beginn einer langen Geschichte – «Laxdœla saga»*
41 Szenen aus dem isländischen Alltag

- 64 Reykjavík – eine Metropole holt auf
- 65 *Auf der Flucht vor Katastrophen*
- 71 Übermächtige Natur
- 93 Erosion, die schleichende Gefahr
- 97 Öde Leere, geliebtes Land

Karl-Ludwig Wetzig
- 115 GEOGRAPHIE GESCHICHTE KULTUR
  Ein Glossar

- 115 Geographie
- 119 Klima
- 119 Pflanzen- und Tierwelt
- 120 *Mutig wie die Wikinger: Islandpferde*
- 121 Staatsform
- 122 Wirtschaft
- 123 Bevölkerung und Sprache
- 141 Literatur

- 142 Sehenswerte Orte und Natursehenswürdigkeiten von A bis Z
- 168 *Die letzte Küste: Wandern in den Westfjorden*
- 176 Karte
- 177 Register
- 180 Text- und Bildnachweis

◁ VATNAJÖKULL   Die gewaltigen Eismassen von Islands größtem Gletscher (= isländisch jökull) bedecken rund ein Zwölftel der Landesfläche. Selbst seine Gletscherzungen sind noch so groß, daß sie mit eigenen Namen bezeichnet werden: hier ein Blick aus der Luft auf den Skaftafellsjökull.

BÄUERLICHE WOHNKULTUR Im Freilichtmuseum Glaumbær, Nordisland, gibt ein originalgetreu eingerichtetes Gehöft Einblicke in das Leben der isländischen Bauernfamilien im 19. Jahrhundert. Es gehört zu den schönsten und am besten erhaltenen Grassodenhäusern des Landes.

SNÆFELLSNES *Über 70 Meter hoch sind diese beiden Magmakerne ehemaliger Vulkanschlote an der Südküste von Snæfellsnes. Die Halbinsel im Westen Islands ist besonders wegen ihres Vogelreichtums ein Ziel für Naturfreunde.*

WASSERFÄLLE *Die unzähligen Wasserfälle Islands gehören zum unverwechselbaren Landschaftsbild der Insel. Zu ihrer Entstehung tragen vor allem die Schmelzwasser der Gletscher, die vielen Niederschläge und nicht zuletzt die großen Höhenunterschiede des Landes bei. In den Westfjorden.*

Im Gebiet um Vík an der äußersten Südküste ermöglicht das günstige Klima Weidewirtschaft und sogar Ackerbau – seit Jahrhunderten gehört der Süden deshalb zu den am dichtesten besiedelten Regionen Islands.

SÜDKÜSTE ▷

Karl-Ludwig Wetzig
ISLAND – EINE INSEL IN BEWEGUNG

Kann man vorab etwas über den Charakter eines Landes erfahren, wenn man sich auf einer Karte ein Bild davon zu machen versucht, wie seine geographische Mitte beschaffen ist? Sagt es nicht zum Beispiel schon etwas über Frankreich, wenn ich im Herzen seiner Landschaften gleich auf die üppige Île de France mit dem Zentrum Paris stoße, oder über Spanien, wenn sich aus seiner Mitte die kastilische Hochebene mit dem herrscherlichen Madrid erhebt? Das geographische Zentrum Islands ist karges, (menschen)leeres Hochland. Eine Wüste, überzogen vom Ausschlag schrundiger, nackter Bergstöcke, die das Gletschereis nur widerwillig und mit langen Schürfwunden freigibt, und platzender Geschwüre der Erdkruste, aus denen zuweilen breite Ströme von Lava quellen.

Den ganzen Tag lang war ich durch solche Wüste gefahren. Die Piste bestand über weite Strecken nur aus einer Fahrspur, manchmal nicht einmal das. Hin und wieder war sie durch eine spärliche Kette schmaler Pflöcke oder kümmerlicher Steinhaufen gerade noch in Sichtabstand voneinander markiert. Die Reifen des Geländewagens hatten sich durch Treibsand gemahlen, schlammtrübe Gletscherflüsse durchfurtet und sich im Schritttempo über scharfkantige Lavagrate getastet. Jetzt rollten sie über eine Waschbrettpiste dem Mývatn zu. Eine letzte, von Schwefeldampf durchzogene Hügelkette – und dann lag der flach hingestreckte See vor mir, in dem sich bleigrau der lastende Himmel spiegelte. Anfang Juli trugen die Berge am jenseitigen Ufer noch Schneeflecken.

Als ich in einer Senke am Seeufer hielt, riß mir der stürmische Wind beinah die Wagentür aus den Händen. Steifgesessen kletterte ich aus dem Landrover und richtete mit klammen Fingern gegen den Wind das Zelt auf. Das also war Island, wenn es die touristenfreundliche Sonnenbrille absetzte. Ich wünschte mir ein warmes Bad und sank bald erleichtert in das unter freiem Himmel heiß aus dem Untergrund sprudelnde Wasser des nahen Schwimmbeckens. Wohlige Wärme machte sich im ganzen Körper breit. Ich kam mit einer anderen Badenden ins Gespräch. Erst spät am Abend stiegen wir aus dem Wasser. Noch immer konnte man im grauen Dämmerlicht der Sommernacht jede Einzelheit erkennen. Der Wind war eingeschlafen. Von dem langen Bad durch und durch gewärmt, schlüpften wir rasch in Hose und Pullover und huschten dann hinüber zu einem nahegelegenen Treibhaus. Meine Begleiterin öffnete die Tür und ließ mich eintreten: Durch hüfthohe, üppig wuchernde Blattpflanzen wateten wir ins Innere, wo Farne sproßten und Ampelgewächse in der dunstigen Wärme lange Fangarme schlangen. Bananenstauden waren bis zum Dach aufgeschossen und bildeten einen dämmeriggrünen Baldachin.

In Island prallen Gegensätze oft so aufeinander, daß der Eindruck einer als traumhaft erlebten Unwirklichkeit entsteht. Gegensätze – um diese altbekannte Feststellung kommt man nicht herum – prägen die Insel und die Vorstellungen über sie, und sie taten es vom ersten Tag ihrer Entdeckung an.

Insel der Seligen oder Höllenschlund

Als der Norweger Flóki Vilgerðarson um die Mitte des 9. Jahrhunderts nach einem fehlgeschlagenen Ansiedlungsversuch wieder in seiner Heimat auftauchte, nannte er die Insel, auf der während eines langen und harten Winters all sein Vieh erfroren oder verhungert war, erbost Island. Der Name setzte sich durch.

»Ísland er eyja«. – Island ist eine Insel. Mit diesem Satz beginnen isländische Schulbücher, und jedes Kind lernt so schon früh, daß hier vieles ein bißchen anders ist. An den Landesgrenzen stehen keine Schlagbäume, sondern Leuchttürme – darunter auch so leuchtend bunt gestrichene Exemplare wie dieser vor Bolungarvík in den Westfjorden.

Nicht nur rund um die Insel – auch im Binnenland bestimmt das Wasser auf vielfältige Weise die Landschaft.

Oben: Die Wasser des Gljúfrabúi sorgen mit ihrem ständigen «Sprühregen» für üppigen Bewuchs auf dem schwarzen Lavagestein.

Unten: Über Basaltsäulen ergießt sich der Svartifoss im Skaftafell-Nationalpark.

Doch von einem seiner Begleiter zitiert die um 1100 entstandene «Landnámabók», das «Landnahmebuch», den für zukünftige Auswanderer offenbar werbekräftigeren Slogan, «Butter triefe in Island von jedem Halm. Deshalb nannte man ihn Þórolfr Butter.»

Von merkwürdigen Gegensätzen Islands und der Genügsamkeit seiner Bewohner berichtet auch der Bremer Domscholaster Adam, der im Jahr 1067 am Hof des dänischen Königs Sven Estridsen Erkundigungen über jene entlegensten Gebiete der bremischen Kirchenprovinz einholte: «Von Island erzählt man solch bemerkenswerte Dinge wie, daß das Eis dort durch sein Alter ganz schwarz und trocken sei, so daß es brenne, wenn man Feuer daran lege. ... Aus Mangel an Bauholz leben seine Bewohner in unterirdischen Höhlen und sind damit zufrieden, Dach und Lager mit ihrem Vieh zu teilen. So leben sie in Einfalt ein frommes Leben, indem sie nicht mehr begeh-

ren als die Natur ihnen bietet ... Berge haben sie statt Orte, und Quellen sind ihre Freude. Selig, meine ich, ist ein Volk, das niemand um seine Armut beneidet.» Hier liegt es, christlich überfärbt, schon im 11. Jahrhundert vor uns, das Klischee, das man im zivilisationsmüden 18. Jahrhundert den «edlen Wilden» von O-Tahiti überstülpen wird; gemünzt aber ist es auf die Bewohner einer Insel, die eben damals am äußersten Rand der bewohnbaren Welt zu liegen schien.

In der Vorstellung der heidnischen Nordleute selbst war die Hölle kalt, eine Nebelwelt, *Niflheim*. In der aus dem Süden kommenden christlichen Vorstellungswelt war eher zuviel Hitze verdächtig. Ein Ort, dessen eisige Kälte nicht ausreiche, stets brennende unterirdische Feuer zu ersticken, und dessen Berge immer wieder menschenvernichtendes, glutflüssiges Gestein ausspien, mußte daher weniger dem Paradies, wie Adam von Bremen offenbar glauben wollte, als vielmehr dem entgegen-

Links oben: Blick auf die Skeiðarársandur im Süden Islands. Erst durch den Bau mehrerer Brücken über die riesigen Sanderflächen wurde 1974 die Ringstraße geschlossen.

Oben: Der im Askja-Gebiet gelegenen See Víti (im Vordergrund), ein Vulkankrater, der sich mit Wasser gefüllt hat.

Unten: An den Veiðivötn nahe Landmannalaugar.

gesetzten Ende der Welt benachbart sein. Und so ist denn seit Herbert von Clairvaux' um 1180 aufgezeichnetem «Liber miraculorum» davon die Rede, daß sich auf Island ein gewaltiger Eingang zur Hölle befinde. Nur fünfzig Jahre danach will man schon gesehen haben, wie fliegende Teufel die Seelen von Gefallenen in den Höllenschlund des Vulkans Hekla fallen ließen. Später dann deponierten sie arme Sünder zur Verschärfung ihrer Höllenqualen zeitweise auf Eisschollen außerhalb des Kraters. Das wußten jedenfalls vorüberfahrende Seeleute, die deren Stöhnen gehört hatten, glaubhaft zu versichern. (Für die isländischen Sünder kam nach einer landeseigenen Überlieferung als Verschärfung der Seelenpein später noch hinzu, daß sie in dieser Hölle Dänisch sprechen mußten.)

Schon zur Landnahmezeit siedelten die Isländer bevorzugt an Orten, an denen heißes Wasser zutage trat. Heute stammt die für Heizung und Warmwasser benötigte Energie im überwiegenden Teil des Landes aus geothermischen Quellen – Heißwasser und heißem Dampf.

Oben: Warmer Bach in den Kerlingarfjöll.

Rechts: Heißer Dampf entweicht aus den Bohrlöchern in der Nähe des Mývatn.

Was dieses Schreckenskabinett in gleichem Maß anschaulich macht wie das Bild von der glückseligen Insel, ist der bemerkenswerte Umstand, daß Island zwar seit seiner Besiedlung im Gesichtskreis Europas lag, der Blick vom Kontinent hinüber aber stets durch nebulöse Klischeevorstellungen getrübt war: Das «Höhlengleichnis» des fleißigen Magisters Adam zum Beispiel fand sich noch in Zedlers Großem Universal-Lexikon aus dem Jahr 1735!

Als humanistisch gebildete Isländer im 17. und 18. Jahrhundert selbst daran gingen, mit den abergläubischen Höllen- und Teufelsbildern aufzuräumen, wurden diese in den Köpfen von Kontinentaleuropäern allmählich durch modischere, wie die vom Isländer als dem urtümlichen Germanen, ersetzt. Trafen Wunschvorstellung und Realität anläßlich einer Reise tatsächlich einmal aufeinander, so nahmen seine zeitgenössischen Bewohner bei dieser Begegnung mit den auf sie projizierten Klischees oft schweren Schaden. Dem Kulturkritiker Max Nordau etwa erschienen sie durch die schändlichen Einflüsse der

Zivilisation, die – welche Enttäuschung – bei seinem Besuch 1874 auch bereits in Island Auswirkungen zeigten, schon so «degeneriert», daß er die von Entbehrungen gezeichneten Führer seiner Reisegesellschaft höhnisch beschrieb als «schmutzig, klein und zerlumpt, blondhaarig und blauäugig zwar, sonst aber mehr Eskimos oder Samojeden als Nachkommen germanischer Kriegerstämme gleichend». Den heute zu einer landesüblichen Mutprobe gewordenen Verzehr von ranzigem Haifischfleisch nannte Nordau eine «widerwärtige Eigenheit primitivster und tierähnlichster Menschen» – rassistische Auswüchse, gewiß, aber doch nicht ganz isoliert in einer Generation von Islandreisenden, die sich mit den Worten des Nordisten Andreas Heusler «den altdeutschen Menschen blutwarm machen» wollte.

Die Uhren schlagen Weltzeit

Nach Ansicht eines einheimischen Historikers wurde germanentümelnden Touristen am 4. August 1906, um elf Uhr vormittags, die Grundlage für ihre Islandsehnsüchte entzogen. An diesem Datum erkundigte sich der dänische König über ein frisch verlegtes Unterseekabel erstmals telefonisch nach dem werten Befinden seiner isländischen Untertanen und beendete mit dieser Einführung moderner Kommunikationsmittel auf der Insel das Mittelalter. Seitdem ist sie über solche Nabelschnüre untrennbar mit der Außenwelt verbunden, und mittlerweile beginnt die angeblich tiefwurzelnde Vertrautheit der Isländer mit ihren mittelalterlichen Erzählungen sogar diesen selbst zum Mythos zu werden. Zwar werden die Kinder in der Schule noch immer auf der Grundlage von Ari Þorgilssons ‹Íslendingabók› («Isländerbuch») vom Anfang des 12. Jahrhunderts über den mutmaßlichen Verlauf der Besiedlung Islands unterrichtet, zwar bekommen sie ergänzend bluttriefende Verfilmungen isländi-

Seit Beginn des 20. Jahrhunderts wird in Island die überreich vorhandene Wasserkraft zur Stromerzeugung verwendet. Doch hat das Land seine Ressourcen auch auf diesem Gebiet noch längst nicht vollständig genutzt – und der Stromexport per Fernkabel auf dem Meeresboden bleibt weiterhin ein unerfüllter Traum isländischer Wirtschaftsplaner. Im Bild der Seljalandsfoss.

Nur wenige Zeugnisse wikingerzeitlicher Kunst sind uns bis heute überliefert. Um so reicher an Phantasie und Dramatik zeigen sich dagegen die von den germanischen Sagen inspirierten Historienbilder des 19. Jahrhunderts (oben). – Spielfigur und bronzene Götterstatuette aus dem Island der Wikingerzeit (unten links und rechts).

scher Sagas vorgeführt; doch die Helden von aktuellen amerikanischen Fernsehserien sind ihnen längst geläufiger. Island, dies sollte man auch im Ausland unsentimental zur Kenntnis nehmen, hat den Anschluß an die «World Time Coordinated», die zufällig wirklich auf der Insel gilt, vollzogen. Nach der jüngsten Erhebung der UNO genießen Isländer inzwischen den sechsthöchsten Lebensstandard auf der Welt und rangieren damit vor den skandinavischen Nachbarn in Norwegen und Schweden und weit vor der Bundesrepublik Deutschland.

Angesichts des durchweg sehr hohen Preisniveaus fragen Besucher oft, wie die Einheimischen sich diesen Wohlstand leisten können. Nun, sie zahlen ihren Preis dafür. So wird fraglos davon ausgegangen, daß in einer Familie beide Elternteile berufstätig sind. Nicht wenige versehen außer ihrem Hauptberuf eine oder zwei Nebenbeschäftigungen. Die durchschnittliche Wochenarbeitszeit summiert sich so auf über 46 Stunden. In der Stadt besuchen Kinder in der Regel ab dem zweiten Lebensjahr Horte und Kindertagesstätten. Auf dem Land werden ältere Geschwister, besonders die Mädchen, zum Hüten der Kleinen schon früh in die Verantwortung genommen. Bis heute weigert sich Island, in der Europäischen Union geltende rechtliche Bestimmungen zum Verbot von Kinderarbeit zu übernehmen; denn in einigen bevölkerungsarmen Landesteilen braucht man ihre Arbeitskraft, wenn saisonbedingt beim Heueinbringen oder der Fischverarbeitung viel Arbeit anfällt. Seit dem Beschäftigungswunder in Folge des Zweiten Weltkriegs bis zum Beginn der neunziger Jahre war Arbeitslosigkeit ein Fremdwort. Seitdem schnellte die Quote von 1,5 Prozent auf gut fünf Prozent, und schon macht sich die erstmalige Konkurrenz auf dem Arbeitsmarkt in einer sinkenden Geburtenquote bemerkbar. Nach den vielen Generationen, die in wirklich elenden Verhältnissen ihr (Über-)Leben fristen mußten, wollen sich die heutigen nicht die Chance auf mehr Wohlstand entgehen lassen. Daher wird angeschafft, modernisiert und konsumiert, soviel das Budget – oder der Bankkredit – erlaubt. Statistisch besitzt jeder zweite – Säuglinge eingerechnet – ein Auto, und vier von fünf Isländern wohnen in den eigenen vier Wänden.

Die wenigen materiellen Hinterlassenschaften früherer Zeiten, deren Armseligkeit sich ihre Bewohner so schämten, daß sie nicht einmal Historiker und Volkskundler in die alten Grassodenhäuser ließen, wurden schon in den fünfziger Jahren von Bulldozern plattgewalzt, und noch immer triumphiert die verspielte Freude an jeder technologischen Neuerung häufig über Versuche, Bewahrenswertes zu erhalten. In wenigen Staaten der Erde wird man pro Kopf der Bevölkerung mehr Computer oder Mobiltelefone finden als in Island. Von daher kann es kaum noch überraschen, daß isländische Software-Entwicklungen in manchen Anwendungsgebieten mittlerweile Weltspitze sind. «Kein Zweifel, wir sind eine Hochtechnologie-Nation», kommentierte ein Informatiker diese Entwicklung kürzlich in den Fernsehnachrichten. Die nächste Meldung besagte, daß eine Kette schwer erklärbarer Unfälle bislang den Ausbau einer Straße in der Nähe eines sogenannten «Elfensteins» verhinderte. Das Straßenbauamt habe daraufhin eine «sehende Frau» beauftragt, mit den Bewohnern des Steins in Kontakt zu treten und sie zur freiwilligen Räumung zu bewegen.

Solche Meldungen aus Island kolportiert man im Ausland immer wieder gern. Sie legen es nahe, die Quintessenz der isländischen Geschichte, das Land sei durch den Zweiten Weltkrieg aus dem Mittelalter gleich ins Atomzeitalter katapultiert worden, durch die mentalitätsgeschichtliche Nebenbemerkung zu ergänzen, einige Isländer seien aus den Middle Ages gleich ins New Age übergetreten.

Vielleicht tragen solche Berichte auch dazu bei, daß selbst in unserer weltumspannenden Informationsgesellschaft zuweilen noch Islandfreunde anzutreffen sind, in deren Vorstellung sich

Nicht umsonst hat die isländische Geschichte immer wieder Maler und Schriftsteller beschäftigt – kann sie doch seit 930, also fast von ihrem Beginn an, mit einem spektakulären Ereignis aufwarten: dem Althing. Auf dieser alljährlich stattfindenden Versammlung in der Ebene von Þingvellir trafen sich die Goden, Vorstände der machthabenden Familien, um über Streitfälle zu beraten und Recht zu sprechen. Zu diesem zentralen, volksfestartigen Ereignis fand sich «ganz Island» ein.

«Althing» (Gemälde von William Gersham Collingwood, Ende 19. Jahrhundert, British Museum, London).

die Insel seit den Zeiten Adams von Bremen kaum verändert hat. So wurde noch 1994 einer der Hauptvertreter modernistischer isländischer Prosaliteratur in München nach einer Lesung gefragt: «Wie kommen Sie, Herr Bergsson, eigentlich zu Hause mit ihren Romanen an? Ich meine, bei einem kleinen Volk, wo nur so wenige überhaupt lesen können.»

Glücklicherweise zeigte sich der Schriftsteller mit einer guten Portion der in Island nicht selten anzutreffenden sarkastischen Spielart von Humor ausgestattet und antwortete: «Mit Verlaub, so wenige sind wir gar nicht, gnädige Frau. Immerhin vier Millionen, wenn Sie Alben und Elfen mitzählen.»

In dieser Anekdote kommt das bemerkenswert große Auseinanderdriften zwischen Fremd- und Eigenwahrnehmung der Isländer in fast übertriebener Deutlichkeit zum Vorschein:

Hüben die naive Vorstellung vom unzivilisierten Analphabetenvolk, das womöglich noch in (Eis-)Höhlen lebt; drüben die hintersinnig lächelnde Ironie einer Kulturnation, die bereits zu einem Zeitpunkt die lateinische Bildung des Mittelalters aufgenommen und daneben auch die eigene Volkssprache zu einer hochentwickelten Schrift- und Literatursprache entwickelt hatte, als der große Rest Europas derartige Tätigkeiten noch überwiegend als Beschäftigung für schwächliche Schreibstubenmönche ansah.

Wie soll ein Volk mit einer so alten und hochstehenden literarischen Kultur auf die jahrhundertelange pauschale Gleichsetzung mit einer armseligen Schar notdürftig in Felle gekleideter Fischesser anders reagieren als mit Ironie und einem ausgeprägten Bewußtsein davon, abseits und anders zu sein?

Fortsetzung Seite 39

DATEN ZUR GESCHICHTE ISLANDS

Um 330 v. Chr. Pytheas aus der griechischen Kolonie Massilia (Marseille) unternimmt eine Reise um die «Säulen des Herakles» (Gibraltar) zu den Zinninseln (Britannien) und darüber hinaus sechs Tagesreisen weiter nach Norden zu einem «ultima Thule». Einiges an seiner Beschreibung dieses fernen Landes in der Mitternachtssonne trifft verblüffend genau auf Island zu, anderes nicht.

825 Der irische Mönch Dicuil berichtet in seiner geographischen Weltbeschreibung «De mensura orbis terrae» von Gesprächen mit irischen Brüdern, die seit 795 einige Sommer auf einer Insel «Thule» weit im Norden verbracht hätten, wo es auch nachts so hell sei, daß man «die Läuse aus den Kutten lesen» könne.

Um 870 Seefahrer skandinavischer Abkunft erreichen die Insel. Ihre und die sich anschließenden Landungen sind in Island seit dem 11. Jahrhundert in zwei Quellen schriftlich überliefert, der «Íslendingabók» und der «Landnámabók».

874 Mit der Einwanderung (Landnahme) des Norwegers Ingólfur Arnarson beginnt nach isländischem Selbstverständnis die nationale Geschichte des Landes.

874–930 Landnahmezeit. In dieser Phase der Besiedlung wanderten schätzungsweise 20 000 Menschen nach Island ein.

930 Einrichtung des Althings, des Parlaments des Landes, das von diesem Datum an bis zu seiner Aufhebung im Jahr 1800 alljährlich in Þingvellir (= Thingebene) zusammentritt.

930–1030 Sagazeit. In dieser Periode lebten die Helden der später aufgezeichneten Sagas.

934 Großer Ausbruch in der Vulkanspalte Eldgjá.

982 Der aus Island verbannte Eirikur rauði (Erich der Rote) entdeckt Grönland und siedelt dort.

1000 Eiriks Sohn, Leif der Glückliche, betritt als erster Europäer amerikanischen Boden. Auf erpresserischen Druck des norwegischen Königs Olav Tryggvason hin beschließen die zum Teil schon vorher christlichen Isländer auf dem Althing die Annahme des Christentums als offizielle Staatsreligion.

1030–1220 Godenzeit. Das besiedelte Land wird in 39 Godentümer aufgeteilt, deren ursprünglich religiös-kultische Oberhäupter (Goden) sich zunehmend politische Führungspositionen aneignen.

1104 Der erste, verheerende Ausbruch der Hekla in historischer Zeit verwüstet das dicht besiedelte Þjórsárdalur.

Von 1380 bis 1944 gehörte Island zu Dänemark. – 1 Jón Sigurðsson (1811–1879), isländischer Unabhängigkeitskämpfer. – 2 Besuch des dänischen Königs im Jahr 1930. – 3 Auswanderer im 19. Jahrhundert.

1220–1264 Sturlungenzeit. Nach einem der mächtigsten Godengeschlechter benannte Epoche innerer Fehden, in denen sich die führenden Familien gegenseitig dezimieren und den Freistaat entscheidend schwächen. Im Zusammenhang mit diesen schweren Auseinandersetzungen kommt es zu den einzigen größeren Gefechten in der isländischen Geschichte.

1238 Schlacht bei Örlygsstaðir.

1244 Im Húnaflói einzige isländische Seeschlacht.

1262–1264 Verlust der Unabhängigkeit. In einem Staatsvertrag, der ihre eigenen Gesetze und die Versorgung durch norwegische Schiffe garantiert, unterwerfen sich die Isländer dem norwegischen König.

1362 Ein Vulkanausbruch im Öræfajökull verwüstet die Südküste.

1380 Gemeinsam mit Norwegen fällt Island an die dänische Krone.

1402–1404 Pestepidemien raffen ein Drittel der Bevölkerung dahin.

Seit 1944 kommt das dänische Königspaar nicht mehr in ein abhängiges, sondern in ein befreundetes Land.

10. 6. 1940 Am gleichen Tag, an dem die deutsche Wehrmacht in den Niederlanden und Belgien einmarschiert, landen Verbände der britischen Royal Navy im Hafen von Reykjavík. Island wird von zunächst 15 000 britischen Soldaten besetzt, die ab 1941 von rund 50 000 amerikanischen G.I.s abgelöst werden. Vom Beginn des Seekriegs im Nordatlantik an gehören die Gewässer um Island zum Operationsgebiet deutscher U-Boote. Obwohl Island ein besetztes Land und kein Kriegsteilnehmer ist, verliert es durch Kriegseinwirkungen mehr als ein Dutzend Schiffe und über dreihundert Menschenleben.

17. 6. 1944 Legitimiert durch die Kriegsumstände und eine Volksabstimmung, erklärt das Althing auf einer feierlichen Sitzung in Þingvellir die Personalunion mit Dänemark für beendet und ruft die unabhängige Republik Island aus.

1949 Beitritt zur NATO gegen massive Proteste in der Bevölkerung.

1958 dehnte Island erneut seine Hoheitsgewässer aus.

15./16. Jahrhundert Zahlreiche Fahrten englischer Fischer und hansischer Kaufleute nach Island.

1541–1550 Zum Teil gewaltsame Durchsetzung der Reformation, die mit der Hinrichtung des letzten katholischen Bischofs endet.

4 Ólafur Grímsson (mit Frau), seit 1996 Präsident Islands.
5 Seine Vorgängerin Vigdís Finnbogadóttir.

Ab 1600 Eine Klimaverschlechterung («Kleine Eiszeit») beginnt sich mit dramatischen Notjahren zunehmend spürbar zu machen.

1602 Die dänische Krone errichtet ein Monopol auf jeglichen Islandhandel.

1627 Algerische Piraten überfallen mehrere isländische Häfen. Auf Heimaey verschleppen sie die halbe Inselbevölkerung, etwa 370 Menschen, in die Sklaverei.

1702/03 Die erste Volkszählung erfaßt 50 358 Einwohner.

1707 18 000 Isländer sterben an den Pocken.

1783 Ein katastrophaler Ausbruch der Laki-Spalte tötet drei Viertel des Viehbestands und kostet in der folgenden Notzeit 10 000 Isländer das Leben.

1786 Reorganisation von Handel und staatlicher Verwaltung Islands. Reykjavík erhält Stadtrecht.

1843 Erste Unabhängigkeitsbestrebungen veranlassen den König zur Restitution des Althings.

1855–1890 Einige tausend Isländer wandern nach Nordamerika aus.

1874 Zur Tausendjahrfeier erhält Island eine eigene Verfassung und begrenzte Selbstverwaltung.

1904 Die Insel erlangt die autonome Selbstverwaltung.

1918 Island wird Königreich, bleibt jedoch in Personalunion mit der dänischen Krone verbunden.

1952, 1958, 1972, 1975 Schrittweise dehnt Island seine Hoheitsgewässer von vier Seemeilen auf eine Wirtschaftszone von 200 Seemeilen aus und setzt diese Ansprüche in den sogenannten Kabeljaukriegen auch gegen britische Kriegsschiffe durch.

1963–1973 Vulkanausbrüche auf den Westmännerinseln (Surtsey, Heimaey).

1980 Vigdís Finnbogadóttir wird das erste demokratisch gewählte weibliche Staatsoberhaupt in Europa.

1989 «B-Day». Nach 74 Jahren Prohibition wird der Ausschank von Bier freigegeben.

1994 Mit dem ersten totalen Verkehrsinfarkt seiner Geschichte begeht Island den 50. Jahrestag der Republik auf der Straße nach Þingvellir.

1996 Ausbruch eines Vulkans südlich des Bárðabunga-Massivs unter dem Gletscher Vatnajökull.

Karl-Ludwig Wetzig

HAUPTSTADT REYKJAVÍK

… und wie [er] sicher schon auf den ersten Blick bemerkt habe, war Reykjavik …
eine ganz andere Stadt geworden. Kein Land auf der Erde hatte sich im
ersten Drittel des Jahrhunderts so verwandelt wie das Königreich Island. Aus einem
Volk von Bauern und Fischern der Sagazeit vor tausend Jahren war mehr als
die Hälfte der Bevölkerung jetzt zu Stadtmenschen geworden. Und die Hauptstadt,
die noch vor hundertfünfzig Jahren nur aus einem einzigen
Bauernhof bestand, umfaßte heute über ein Viertel aller Landeseinwohner.

Guðmundur Kamban, 1933

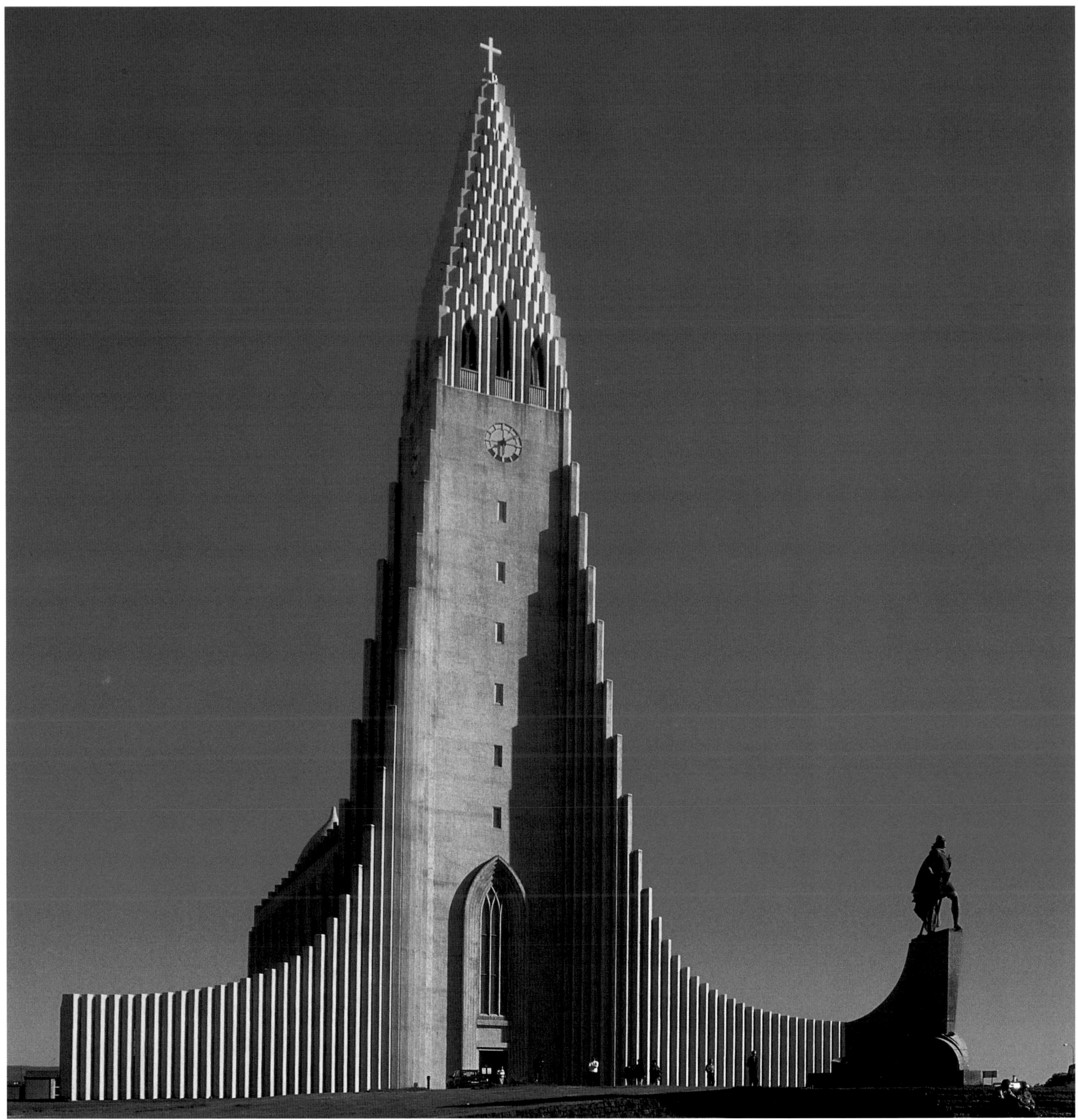

◁ REYKJAVÍK   *Vor dem Freilichtmuseum Árbær (links). – Die von 1945 bis 1995 erbaute Hallgrímskirche ist dem größten religiösen Dichter des Landes, Hallgrímur Pétursson (1614–1674), gewidmet. Ihr Westwerk soll an die auf Island häufigen Basaltformationen erinnern (rechts).*

REYKJAVÍK   «Rauchbucht» – Reykjavík – taufte der erste Siedler Ingólfur Arnarson vor über tausend Jahren seinen von dampfenden Quellen umgebenen Wohnplatz. Heute leben im Großraum der Metropole bereits rund 60 Prozent der isländischen Bevölkerung (siehe Seite 64 f.).

TJÖRNIN *Um den See Tjörnin liegt das Zentrum des alten Reykjavík. Von der Säulenfront des von 1986 bis 1992 in den See hineingebauten neuen Rathauses blickt man auf das östliche Ufer mit der Freikirche und der Nationalgalerie (rechts).*

HAUPTSTADT IM WINTER   *Auch unter dem ersten Schnee präsentiert sich die nördlichste Hauptstadt der Welt sehr farbenfroh.*   *Die bunt gestrichenen Blechdächer bilden lebhafte Farbtupfer im grau-weißen Häusermeer.*

PERLAN Blick von der Hallgrímskirche auf die futuristische Glaskuppel Perlan, »Perle«, die fünf riesige Heißwassertanks auf dem Hügel Öskjuhlíð überdeckt. Von hier aus wird halb Reykjavík mit Warmwasser versorgt.

ÁSMUNDUR SVEINSSON *Das im Osten des Stadtzentrums gelegene Ásmundur-Sveinsson-Museum. In dem modernen Gebäude – dem ehemaligen Atelier des Künstlers – ist eine umfassende Werkschau des wohl bedeutendsten zeitgenössischen isländischen Bildhauers (1893–1982) zu sehen.*

ÁRBÆR   Das volkskundliche Freilichtmuseum Árbær im gleichnamigen Stadtteil von Reykjavík. Hier wurden auf dem Gelände eines alten Bauernhofs mehrere Bürgerhäuser des 19. und frühen 20. Jahrhunderts und eine Kirche von 1842 wieder aufgebaut.

LEBENDIGE GESCHICHTE *Im Freilichtmuseum Árbær im Osten der Hauptstadt wird das Wohnen und Arbeiten vergangener Jahrhunderte lebendig: Angestellte versehen ihren Dienst in historischen Gewändern und führen den Besuchern auch alte Handwerkstechniken vor.*

BAUSTIL *Viele Gebäude in Reykjavík – und auch in anderen isländischen Orten – haben Wellblechfassaden. Der bunte Anstrich verleiht ihnen ihren freundlichen und heiteren Charakter.*

BLAUE LAGUNE   *Die Blaue Lagune auf der Halbinsel Reykjanes ist wegen ihres warmen, heilkräftigen Wassers – angenehmes «Nebenprodukt» eines Geothermalkraftwerks (im Hintergrund) – ein vielbesuchtes Ausflugsziel.*

Eine raffinierte Konstruktion: Im Innenraum zwischen den fünf mit Spiegelglas verbundenen Heißwassertanks der Hauptstadt befindet sich ein Wintergarten mit hohen Palmen und einem künstlichen Geysir. In der Glaskuppel sind ein Restaurant und eine Cafeteria untergebracht.

PERLAN ▷

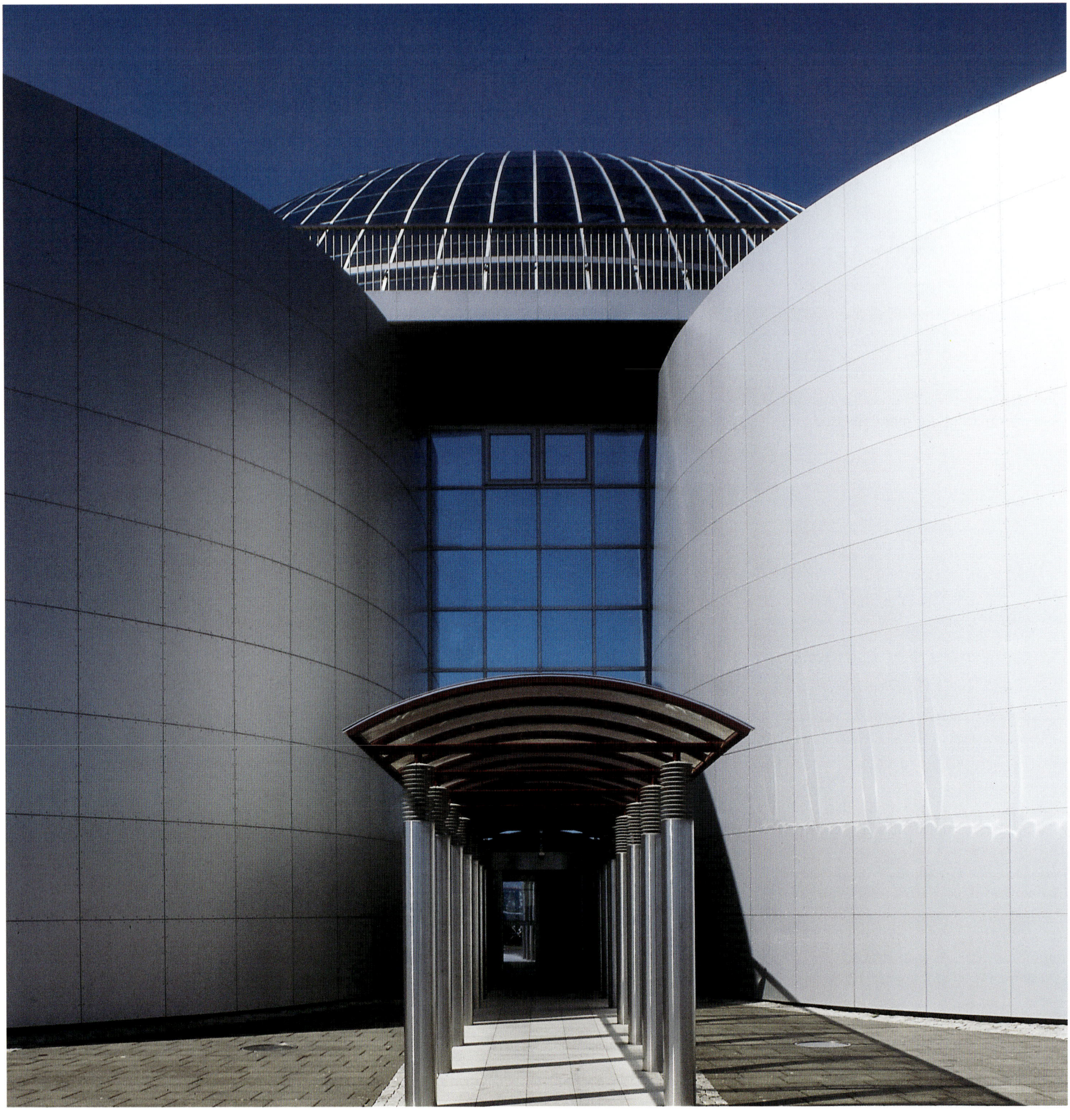

«Inseln sind besondere Orte»

«Ísland er eyja.» – Island ist eine Insel. Mit diesem lakonischen Satz beginnt jedes Lehrwerk zur isländischen Sprache, sei es für Ausländer, die dieses komplizierteste aller erhaltenen germanischen Idiome erlernen wollen, sei es für isländische Schüler selbst. «Island ist eine Insel.» Dieser Satz wird ihnen immer und immer wieder ins Bewußtsein gepflanzt, das auf diese Weise schon früh zu einem ausgeprägten Sonderbewußtsein wird.

«Inseln sind besondere Orte. Sie werden nach verschiedenen Kriterien eingeteilt: ... Diese sind nichts anderes als unvollständige Bruchstücke, losgerissen von der Küste, jene haben den Kontinent schon beizeiten verlassen und genügen sich selbst, sind selbständig», schrieb Predrag Matvejević vor kurzem über das Mittelmeer. Island aber ist nicht einmal eine mediterrane Insel. Es liegt nicht in einem Meer, das der Verkehrsknoten einer seit Jahrtausenden von Menschen geprägten Kulturlandschaft und beinahe selbst mehr Kultur als Natur geworden ist. Island liegt im Atlantik, und der Atlantik ist Okeanos, das Weltmeer, das man in der mittelmeerischen Antike für unüberquerbar hielt, weil es den gesamten Erdkreis umfloß. Island lag schon immer «außerhalb», und es gehörte sogar geographisch niemals einem Kontinent an. Es wuchs vor erdgeschichtlich kurzer Zeit aus einem Riß am Grund des Ozeans und lag so weit draußen, daß es – nimmt man den listigen Polarfuchs aus – vor dem Menschen nur von Zugvögeln erreicht wurde. Wie stark also wird dort ein Bewußtsein von Eigenständigkeit nicht schon von der geographischen Lage vorgegeben? Und sprach sich dieses Bewußtsein nicht bereits darin aus, daß Geistliche auf dieser Insel von Beginn an ihre Berührungsängste gegenüber heidnischer Überlieferung zugunsten von deren getreuer Aufzeichnung zurückstellten, um der Bevölkerung das Wissen um eine eigenständige kulturelle Identität zu vermitteln? Mit welch konservativer Grundeinstellung muß weiterhin das Gefühl der Unabhängigkeit in diesem zahlenmäßig so geringen Volk verbunden sein, da seine Kultur einzig und allein durch ihre Abgeschiedenheit und das sturköpfige Festhalten seiner Bauern an ihrer alten Sprache und Literatur mehr als sechs Jahrhunderte Fremdherrschaft überlebt hat.

Andererseits hat sich dieses sture Sonderbewußtsein bei den Isländern nie zu jenem Hochmut entwickelt, mit dem andere Inselvölker davon ausgehen, überall müsse man sich ihren Eigenheiten anbequemen. Isländer rollen bei Urlaubsreisen nicht mit ihren Autos aus dem Bauch von Fähren und beschimpfen den Rest der Welt, er würde auf der falschen Straßenseite fahren. In Island fährt man schon lange rechts – wenn einmal ein anderes Fahrzeug entgegenkommt –, und in Reykjavík werden vor Beginn der Sommerferien Kurse angeboten über «Autofahren im Ausland».

«Die Inseln, die sich keinem Archipel zuordnen lassen, verlieren ihren Platz im Protokoll der Küste und bleiben auf immer und ewig Waise, Einzelgänger, Abtrünnige», fährt Matvejević fort. Aus der Sicht der norwegischen Könige wurde Island in der Tat von Abtrünnigen besiedelt, und Abtrünnige sind sie auf gewisse Weise geblieben: Der Außenminister, der sich im Zug der Norderweiterung der Europäischen Union wie sein unsterblicher Vorgänger, der Dichter, Geschichtsschreiber und Politiker Snorri Sturluson, Verfasser wichtiger Werke des mittelalterlichen Nordens, in Europa für eine Eingliederung des nordatlantischen Außenpostens andiente, wurde zwar nicht wie sein mittelalterlicher Amtskollege ermordet, aber bei den nächsten Parlamentswahlen sogleich in die politische Wüste geschickt.

Island ist eine Insel, und Isländer, so möchten sie es gern, sind nun einmal anders; selbst wenn dieses Anderssein nur in einem höheren Grad von Verrücktheit als andernorts bestehen sollte. Denn ein wenig verrückt muß man ihrer Meinung nach schon sein, um auf diesem abgelegenen Eiland zu leben.

Nebenher resultiert aus dieser Überzeugung eine der erfreulichsten unter Isländern verbreiteten Einstellungen, nämlich daß sie jedem einzelnen grundsätzlich ein hohes Maß an individuellen Eigenheiten zugestehen. Es wird vieles toleriert, was einen in anderen Gemeinschaften längst zum Außenseiter stempeln

Auch auf der Hintertreppe ist man vor Schnee und Regen geschützt – wie hier an der Rückseite eines Geschäftshauses im Zentrum gibt es in Reykjavík immer wieder eigenwillige moderne Architektur zu entdecken, in der sich amerikanische Einflüsse mit Bautraditionen aus ganz Europa verbinden.

Saga, abgeleitet vom Verb segja, sagen, hat im Isländischen die sehr weite Bedeutung Geschichte im Sinn von etwas Erzähltem, aber auch im Sinn von Historie, heißt also Geschichten und auch Geschichte. Ob die Isländer des Mittelalters ihre Sagas als Unterhaltungsliteratur oder als eine Form der Aufzeichnung von als wahr angenommenen Ereignissen – oder als beides – ansahen, ist eine kaum zu klärende Frage, und in der Forschungsgeschichte wechseln dazu die Meinungen. Wir kennen auch die jahrhundertelang nur mündlich weitergegebenen Erzählungen nicht, die die Vorläufer der heute erhaltenen schriftlichen Texte waren. Die ältesten dieser Bruchstücke von Abschriften (keine Saga ist im Original erhalten) reichen nicht in die Zeit vor 1250 zurück. Da die meisten Sagas aber von Ereignissen berichten, die bereits mit der Besiedlung Islands im 9. Jahrhundert einsetzen und selten nach 1030 zu ihrem Abschluß kommen, muß man wohl von der Existenz mündlicher Vorläufer ausgehen.

Den Beginn als Gattung schriftlich fixierter, längerer Prosaerzählungen in der Volkssprache setzt man heute allgemein in die letzten Jahrzehnte des 12. Jahrhunderts, in eine Zeit also, da der Rest Europas nahezu ausschließlich in Versen dichtete. Man unterscheidet mehrere Sondergruppen wie Königssagas, Bischofssagas und Vorzeitsagas von den eigentlichen Isländersagas, definiert durch die isländische Herkunft ihrer Hauptgestalten. Alle sind sie ausnahmslos – ohne jemals die Namen ihrer Verfasser preiszugeben – in Island aufgezeichnet worden und machen somit den einzigartigen Beitrag Islands zur europäischen Literaturgeschichte aus. Die etwa drei Dutzend Prosawerke umfassende Gruppe der eigentlichen Isländersagas übertrifft dabei die anderen Untergattungen bei weitem an literarischem Rang. Laut Kurt Schier, der an der Universität München nordische Literaturwissenschaft lehrt, gehören sie «zu den bedeutendsten literarischen Leistungen Europas».

Die «Laxdæla saga», aufgezeichnet um 1250 von einem unbekannten Schreiber, zählt zu den umfangreichsten und vielschichtigsten dieser isländischen Prosakunstwerke. Ihre durch vielfache Verweise und Anspielungen komplex geknüpfte Handlung entfaltet sich über acht Generationen hinweg von den Anfängen noch in Norwegen über die vier Ehen der weiblichen Hauptperson Guðrún Ósvífrsdóttir in Island bis zum Aufstieg eines ihrer Söhne im Byzanz des 11. Jahrhunderts. Ihr Anfangskapitel schildert im unverwechselbar lakonischen Sagastil die Gründe für die Auswanderung einer einflußreichen norwegischen Familie nach Island:

DER BEGINN EINER LANGEN GESCHICHTE – «LAXDÆLA SAGA»

Die meisten Sagas basieren auf historischen Begebenheiten und stellen so einen einzigartigen literarischen Schatz mit dokumentierendem Charakter dar. – Oben und unten: Die Handschrift «Flateyjarbók» (14. Jahrhundert).

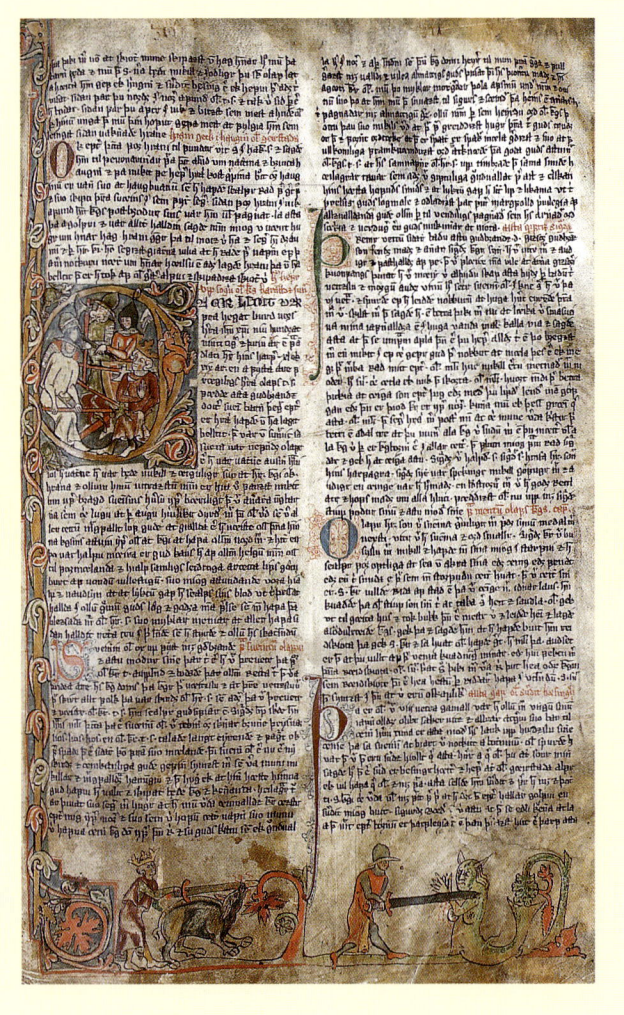

«Ketil Flachnase hieß ein Mann. Er war der Sohn des Björn Buna, aus angesehener Familie also und das wohlhabende Oberhaupt einer ganzen Region in Norwegen. Er wohnte im Romsdal im gleichnamigen Gebiet, das zwischen Süd- und Nordmöre liegt. … In Ketils späten Tagen nahm die Macht eines Königs namens Harald Schönhaar in Norwegen so zu, daß kein König über ein kleineres Gebiet oder sonst ein unabhängiger Mann sich dort im Land halten konnte, sondern er ganz allein mit ihrer Macht und Würde nach Gutdünken verfuhr. Doch als Ketil davon erfährt, daß König Harald ihm das gleiche Los zugedacht habe wie den anderen Großen – nämlich keine Buße mehr für getötete Angehörige zu bekommen und selbst zu einem Lehnsmann herabgestuft zu werden –, da beruft er seine Leute zu einem Thing und hält dort eine Rede: ‹Es ist euch bekannt, wie es zwischen uns und König Harald steht, und das brauche ich euch nicht ausführlich darzulegen, denn es ist auch viel dringender, über die Probleme zu reden, die uns auf den Nägeln brennen. Der Feindschaft König Haralds bin ich mir gewiß; mir scheint, von seiner Seite haben wir keinerlei Sicherheit zu erwarten. Meiner Meinung nach stehen uns zwei Möglichkeiten offen: entweder aus dem Land zu fliehen oder jeder in seinem Bett erschlagen zu werden. Bin ich persönlich auch geneigt, den gleichen Todestag zu wählen wie meine Genossen, so will ich euch doch nicht durch meine Sturheit in eine so unangenehme Geschichte hineinziehen, denn mir ist die Einstellung meiner Verwandten und Freunde bekannt, daß ihr euch auch dann nicht von uns trennen wollt, wenn es eine beträchtliche Mutprobe darstellt, mir zu folgen.›

Björn, ein Sohn Ketils, antwortet: ‹Ganz kurz will ich meine Absicht klarmachen. Ich will dem Beispiel hochangesehener Männer folgen und dieses Land verlassen. Ich glaube nicht, daß ich davon wachse, wenn ich zu Hause auf die Knechte König Haralds warte, und sie vertreiben uns von all unseren Besitzungen oder machen ganz und gar ein Ende mit uns.›

Auf diese Worte hin erhob sich großer Beifall, und man hielt das für beherzt gesprochen. Sie faßten den Beschluß, außer Landes zu gehen, denn die Ketilssöhne drängten sehr darauf und niemand widersprach.

Björn und Helgi wollten nach Island fahren, weil sie von dort manch Verlockendes gehört hatten. Sie sagten, dort gebe es gutes Land und man brauche kein Vermögen, um es zu erwerben. Viele Wale würden dort angetrieben, der Lachs springe reichlich und Fisch könne man das ganze Jahr über fangen.»

würde. In Island ist hingegen fast jeder davon überzeugt, irgendwie selbst ein verrückter Außenseiter zu sein.

Unter diesem Gesichtspunkt lassen sie sogar die sonst gern in den Hintergrund gedrängte Tatsache gelten, daß Isländer als Folge der Raubzüge ihrer wikingernden Vorfahren zu den britischen Inseln einen reichlichen Schuß keltischen Bluts in ihren Adern haben. Von den Iren möchten sie gern deren Fabulierkunst und eine fast südlich-leichte Unbekümmertheit gegen-

blik, in der wenige reiche Familien die Herrschaft unter sich aufgeteilt hatten, national und gesellschaftlich harmonisieren. Trotzdem greifen Isländer noch heute gern zur Erläuterung ihres Verhaltens auf die dortigen Charakterisierungen der alten Wikinger zurück: «Hast du schon mal einen Isländer kennengelernt, der sich von einem anderen etwas sagen läßt?» Diese Gegenfrage erhielt ich oft zur Antwort, wenn ich mich wieder einmal, leicht genervt, erkundigte, warum sich so viele Dinge

Bis zum Erlaß des dänischen Handelsmonopols 1602 betrieb Island regen Handel mit verschiedenen Nationen, allen voran mit England. Schon früh war man deshalb bestrebt, möglichst genaue Karten für die Seefahrt zu erstellen. Wie viele Kartographen der Zeit verzierte der Flame Abraham Ortelius seine berühmte Island-Karte von 1590 mit überwiegend der Phantasie entsprungenen Meerestieren.

über den Widrigkeiten eines Lebens auf sturmumtosten Atlantikinseln geerbt haben. Ansonsten zählt offiziell vor allem das norwegische Erbe, und von diesem besonders die unbeugsam freiheitsliebende Variante, wie sie beispielhaft in der hochmittelalterlichen «Laxdæla saga» (siehe Seite 40) zu einem Freiheitsepos über die Motive der Landnahme in Island stilisiert wurde.

Szenen aus dem isländischen Alltag

Mittlerweile sind derartige Staatsgründungsmythen von Historikern und Literaturwissenschaftlern längst ideologischer Tendenzen überführt. Sie sollten die Realität jener frühen Bauernrepu-

in Island einfach nicht im voraus planen oder organisieren lassen. So soll man nicht glauben, man könne einen isländischen Kollegen, dessen Arbeitsbereich sich mit dem eigenen überschneidet, ohne weiteres dazu überreden, Einblicke in sein Tun zu gewähren. Das Ansinnen etwa, der Unterrichtsstunde eines Lehrerkollegen als Gasthörer beizuwohnen, stößt meist auf fassungsloses Erstaunen.

Auslandserfahrene Isländer kokettieren im Gespräch mit Fremden inzwischen gern, indem sie sich und ihre Landsleute der Disziplin- und Planlosigkeit bezichtigen. Zu einer verläßlicheren Organisation des isländischen Lebens haben solche Einsichten längst nicht überall geführt.

Der Hafen von Reykjavík. Seit der Zeit der Landnahme fischten die isländischen Bauern im küstennahen Bereich – zunächst für den Eigenbedarf, ab dem 14. Jahrhundert auch, um Handel zu treiben. Erst im 19. Jahrhundert baute die Nation allmählich eine Fangflotte mit hochseetüchtigen Schiffen auf und konnte von nun an die Fischerei in großem Stil ganzjährig betreiben.

Schon bei solch alltäglichen Dingen wie Verabredungen zeigt sich rasch, daß der planende Umgang mit Zeit etwas durchaus Kulturspezifisches ist. Isländer verabreden sich oft nicht genauer als für den «früheren» oder «späteren Teil des Tages». Sollten Sie daher einmal Isländer zu sich nach Hause einladen, aber vergessen, ausdrücklich auf ein warmes Abendessen um 20 Uhr hinzuweisen, dann rechnen Sie nicht vor halb zehn mit ersten vereinzelten Ankömmlingen. Legen Sie dieses Verhalten nicht als unhöfliche Unpünktlichkeit aus. Ganz im Gegenteil will man Ihnen die Peinlichkeit ersparen, vielleicht mit den Vorbereitungen noch nicht ganz fertig zu sein – und sich selbst die offenbar quälende Vorstellung, allein mit den Gastgebern eine Konversation beginnen zu müssen. Was dann folgt, kann jedoch nur mit der Plünderungstaktik routinierter Strandpiraten erklärt werden. Gegen 23 Uhr, wenn sich Ihre Alkoholvorräte mit Sicherheit dem Ende zuneigen, werden sich Ihre Gäste wie auf ein geheimes Signal hin verabschieden. Machen Sie sich keine Vorwürfe wegen eines mißglückten Abends. Ihre Gäste fallen lediglich vorübergehend in die Bars und Kneipen der Stadt ein, weil es dort mehr zu trinken und einige alte Bekannte zu treffen gibt. Ihre Party hat damit aber keineswegs ein sang- und klangloses Ende gefunden. Gehen Sie keinesfalls nach dem Aufräumen und Abwaschen gegen Mitternacht zu Bett, sondern mobilisieren Sie die letzten Reserven aus dem Weinkeller. Wenn nämlich nachts um drei die Kneipen schließen, wird sich ein großer Teil Ihrer Gäste samt den Ihnen unbekannten Bekannten vergnügt lärmend wieder vor Ihrer Tür einfinden, um noch ein wenig zu tanzen und Sie systematisch trockenzutrinken. Halten Sie genügend Wolldecken bereit, es den auf Stühlen, Teppichen und Tischen allmählich Einnickenden ein wenig bequemer zu machen. Nach Hause findet sowieso niemand mehr.

Wenn ich nach solchen Erlebnissen über wenig ausgebildetes Sozialverhalten von Isländern klage, sieht mich mein Freund Magnús verständnisvoll lächelnd an. Er hat bei den Auslandsaufenthalten während seiner Ausbildung gelernt, daß es anderswo auf der Welt auch anders zugehen kann als es in Island üblich ist – eine Erfahrung, die nicht von allen Isländern nachvollzogen wird. Meist versucht er mir über mein Tief hinwegzuhelfen, indem er Arten und Unarten seiner Landsleute aus den wikingerzeitlichen Sagas herleitet. Verglichen mit den Zeiten Grettirs des Starken oder des jungen Egill Skallagrímsson, dessen Pubertätsrevolte gegen den Vater sich darin äußerte, daß er ihm zum Abendessen seinen Lieblingssklaven erschlagen auf den Eßtisch legte, hätten sich die Dinge entschieden zu zivilisierteren Umgangsformen hin entwickelt. Doch ein so energisches charakterliches Erbe dünne im Lauf weniger Jahrhunderte nicht vollständig aus. Noch immer müsse man mit Wikingerhaftem bei Isländern rechnen, wenn man das Wort in seinem ursprünglichen Verständnis nehme als Bezeichnung für Leute, die mit allen Tricks ihren persönlichen Vorteil verfolgen und sich dabei am allerwenigsten von irgendeiner Obrigkeit dreinreden lassen. Erst kürzlich nannte ein Professor für altnordische Literatur die Sagahelden «Charaktere, die in schöner Regelmäßigkeit Gesetze brechen, wann immer sie glauben, damit durchkommen zu können».

Zwei Bereiche des modernen isländischen Lebens dienen Magnús als schlagende Beweise für seine Theorie: Zum einen sei Steuerhinterziehung in Island nicht etwa moralisch verpönt, sondern vielmehr ein möglichst von jedermann praktizierter Sport, bei dem der Gewiefteste sich allgemeiner Bewunderung sicher sein könne. Zweitens: Schwarzbrennerei sei nicht minder verboten als Steuerhinterziehung – und nicht minder verbreitet. So sei vor wenigen Jahren ein nicht sonderlich begüterter Bauer auf einem abgelegenen Hof bei allen Interessierten der Gegend notorisch dafür bekannt gewesen, daß er sein Einkommen durch den privaten Verkauf von Selbstgebranntem aufbesserte. Selbstverständlich auch beim zuständigen Polizeibeamten des Distrikts. Dieser bekam einmal aus der Zentrale den auffordernden Hinweis, daß es der Bauer mit seinen illegalen Geschäften ein wenig weit triebe, und stattete ihm einen Besuch ab.

«Lieber Jón», sagte er zu ihm, als sie bei einer Tasse Kaffee in der Bauernstube saßen, «mir ist zu Ohren gekommen, daß du hier den Leuten manchen scharfen Tropfen zukommen läßt.»

«Ja, das stimmt», antwortete der Bauer.

«Weißt du nicht, Jón, daß es verboten ist, alkoholische Getränke zu brennen?» fragte der Polizist.

«Doch.»

«Du wirst verstehen, daß ich dich anzeigen muß, und daß du zu einer gehörigen Geldstrafe verurteilt werden wirst, Jón Jónsson», erklärte der Polizist.

«Ja, ja», sagte der Bauer und kratzte sich am Kopf. «Das mit der Anzeige sollte sich der Vertreter des Gesetzes noch einmal gut überlegen», fuhr er fort und sah dabei treuherzig in die Stubenecke, wo seine Kinder spielten. «Wenn ihr mir eine Geldbuße auferlegt, kann ich sie bestimmt nicht zahlen. Dann komme ich statt dessen ins Gefängnis, und dann sind die lieben Kleinen dort ohne Versorger. Die Frau allein kann nicht die Kühe melken, im Sommer Heu machen und im Herbst die Schafe zusammentreiben. Wir werden den Hof, der nie viel hergab, verkaufen müssen. Die neun Kinderchen, die Frau und, wenn ich aus dem Gefängnis komme, auch ich werden die soziale Fürsorge des Staates in Anspruch nehmen müssen, und so werden wir das arme Land am Ende mehr kosten als es an meiner Verurteilung verdienen könnte.»

Gegen Ende des 19. Jahrhunderts entwickelte sich Reykjavík zum wirtschaftlichen und kulturellen Zentrum des Landes.

Oben: Anlanden von Kabeljau im Hafen.

Unten: Kaufladen (Farbdrucke von 1874).

Fortsetzung Seite 63

Bis weit ins 20. Jahrhundert hinein war das Leben des überwiegenden Teils der isländischen Bevölkerung von Entbehrungen gekennzeichnet. Nur langsam entwickelte sich in den größeren Orten eine wohlhabende Bürgerschicht. Eindrücke aus dem Reykjavík des frühen 20. Jahrhunderts.

1 *Fischarbeiter im Hafen.*

2 *Die Lieder zweier Bauern werden von einem Volkskundler aufgezeichnet.*

3 *Die Passagiere einer Kreuzfahrt nehmen an einem Pferderennen teil.*

4 *Spaziergang im Sonntagsstaat.*

5 *Frauen beim Trocknen von Stockfisch.*

DER SÜDWESTEN

Eine Dampfwolke steigt senkrecht hoch – ein Geysir. Schwefelig gelb durchsetzt ist die weiße Kalkumrandung des azurblauen Beckens. Siedendheiß das Wasser darin – kleine Dampfwölkchen ringeln sich über der Oberfläche … Vereinzelt perlen Dampfblasen aus dem Schlund hinauf. Plötzlich fängt das Wasser an zu wallen – unruhig brodelt es in dem Topf. Ein glockenartig gewölbter Berg Wassers türmt sich daraufhin auf, und dann schießen große Dampfblasen aus der Tiefe und schleudern das kochende Naß aus dem Becken bis zu 20 Meter hoch.

Peter Christmann, 1991

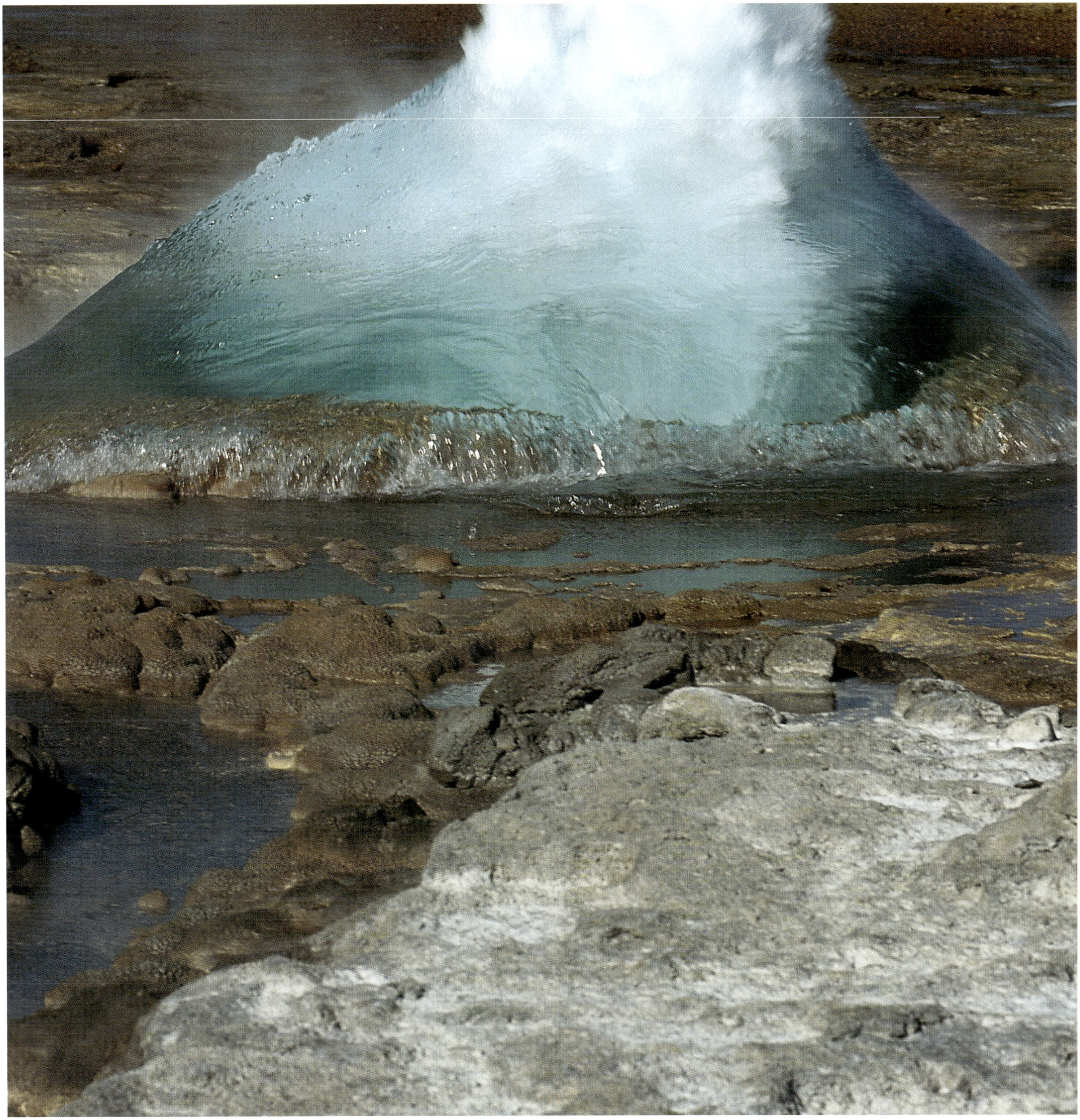

◁ GEYSIR *Bis zu 25 Meter hoch ist die Fontäne des Geysirs Strokkur (links und rechts). Zuverlässig bietet er sein Schauspiel mehrmals pro Stunde dar – im Gegensatz zu seinem Nachbarn, dem Großen Geysir, der seine Aktivität im Jahr 1915 weitgehend eingestellt hat (siehe auch Seite 63).*

SKORRADALSVATN *Die Hügel- und Heidelandschaft um die beiden großen Fjorde nördlich von Reykjavík wird von zahlreichen Flüssen und Seen durchzogen. Hier der See Skorradalsvatn im Hinterland des Borgarfjörður.*

HVALFJÖRÐUR *Abend am Hvalfjörður. Um auch die stark moorigen Böden an den Fjorden des Südwestens landwirtschaftlich nutzen zu können, haben die Bauern breite Entwässerungsgräben angelegt.*

REYKHOLTSDALUR *Die weite Hügellandschaft westlich des Langjökull zeugt davon, daß einst die Eismassen dieses Gletschers* *Berge und Täler abgeschliffen haben. Hier im Reykholtsdalur.*

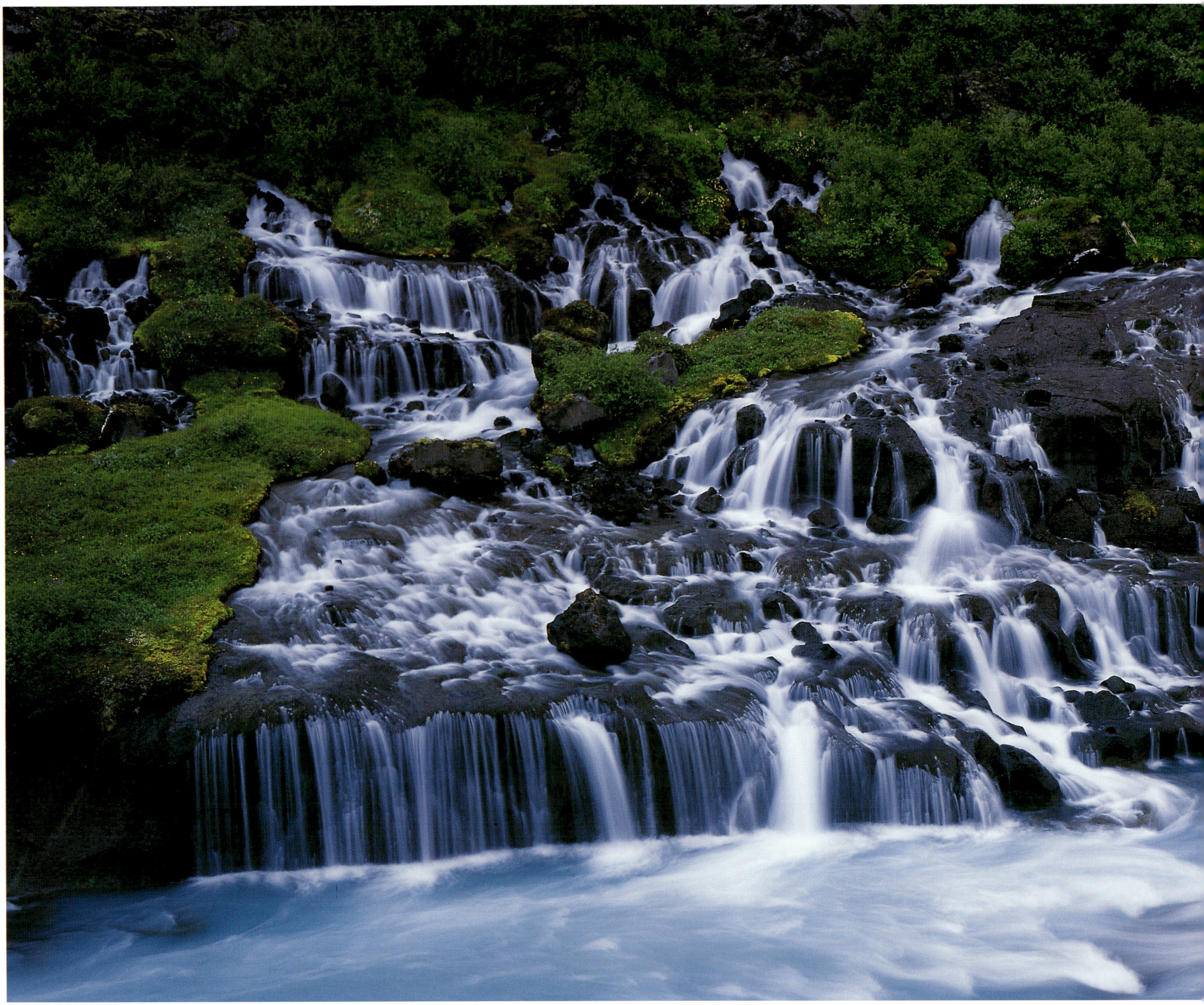

HRAUNFOSSAR *Unzählige kleiner Wasserfälle sprudeln an der Stirnkante eines Lavastroms hervor und stürzen in den reißenden Fluß Hvítá. Sie bilden die Hraunfossar, die «Lavawasserfälle».*

HVALFJÖRÐUR *Bei der Fahrt auf der Ringstraße Nr. 1 erblickt man, von Reykjavík kommend, schon von weitem den winterlich verschneiten Berg Akrafjall jenseits des äußeren Hvalfjörður.*

BORGARFJÖRÐUR *Häufig verkürzen inzwischen Tunnel und Brücken das zeitaufwendige Umfahren der tief eingeschnittenen Buchten im Westen Islands.*

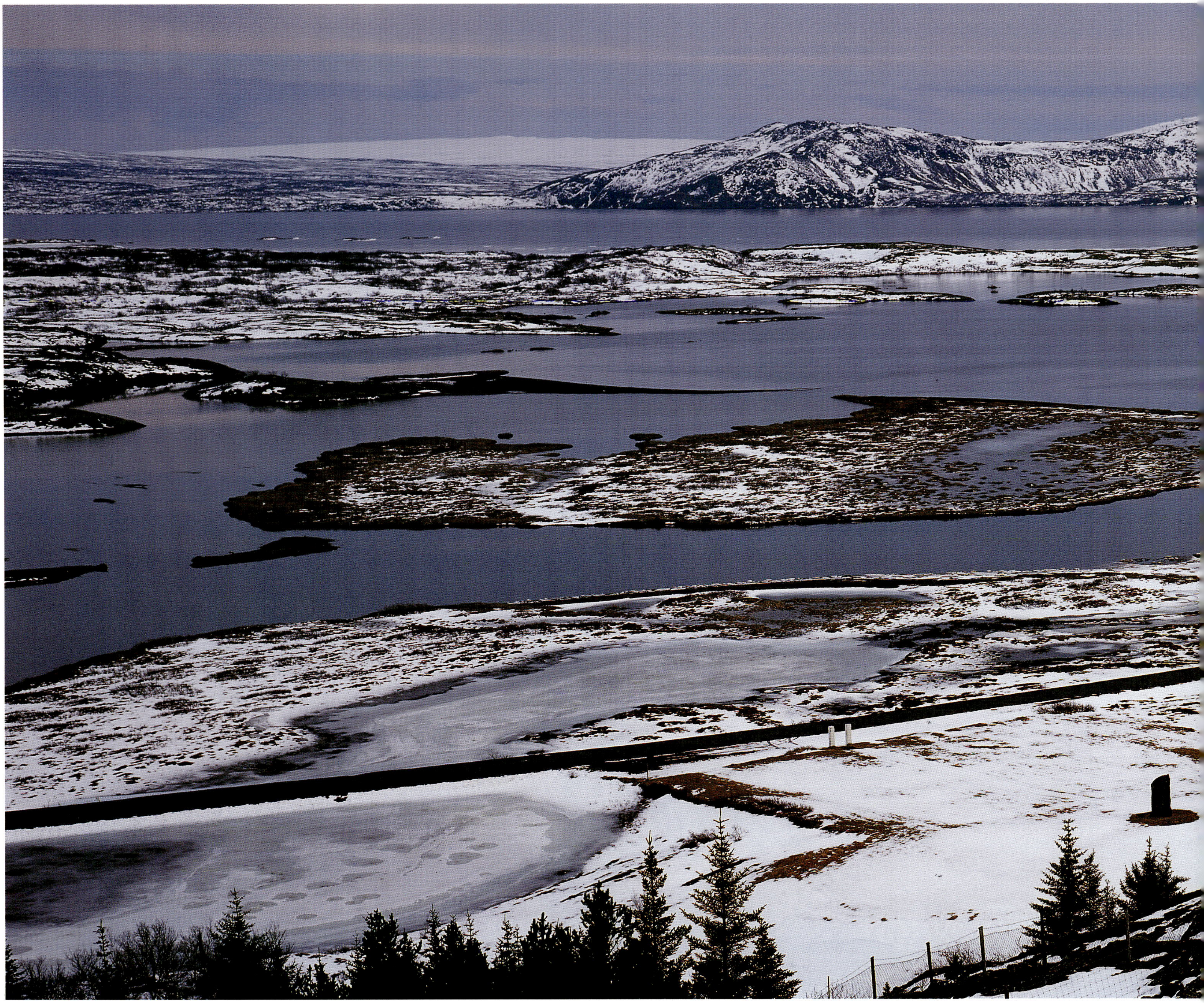

ÞINGVELLIR Von besonderem landschaftlichen Reiz ist die weite Ebene von Þingvellir, dem bedeutungsvollen Ort, an dem vor einem Jahrtausend die erste isländische Parlamentsversammlung stattfand. Im Bild das Þingvallavatn, mit einer Fläche von fast 84 Quadratkilometern der größte See Islands.

«EBENE DER HEISSEN QUELLEN» *In einer der kältesten Zonen des Landes, zwischen den Gletschern Hofsjökull und Langjökull, liegt Hveravellir, die «Ebene der heißen Quellen». Unter den verschiedenen Quelltöpfen befinden sich auch solche, die Kieselsinter ausscheiden, der sich allmählich zu Kegeln oder Terrassen aufschichtet.*

HVERAVELLIR *Die Quelle Bláhver in Hveravellir. Ursache der leuchtend türkisen Färbung dieser heißen Quelle sind fein verteilte Kieselsäureteilchen.*

KJÖLUR-ROUTE *Eine der abenteuerlichen Pisten durch das zentrale Hochland, die Kjölur-Route, verläuft zwischen den beiden Gletschern Lang- und Hofsjökull. Im Bild der Langjökull, dessen Eis von Wolken eingehüllt wird.*

Im Thermalgebiet Krísuvík finden sich zahlreiche heiße Quellen, deren Wasserdampf sich in kalten Nächten auf den umliegenden Wiesen niederschlägt und diese in eine eisige Mondlandschaft verwandelt.

KRÍSUVÍK ▷

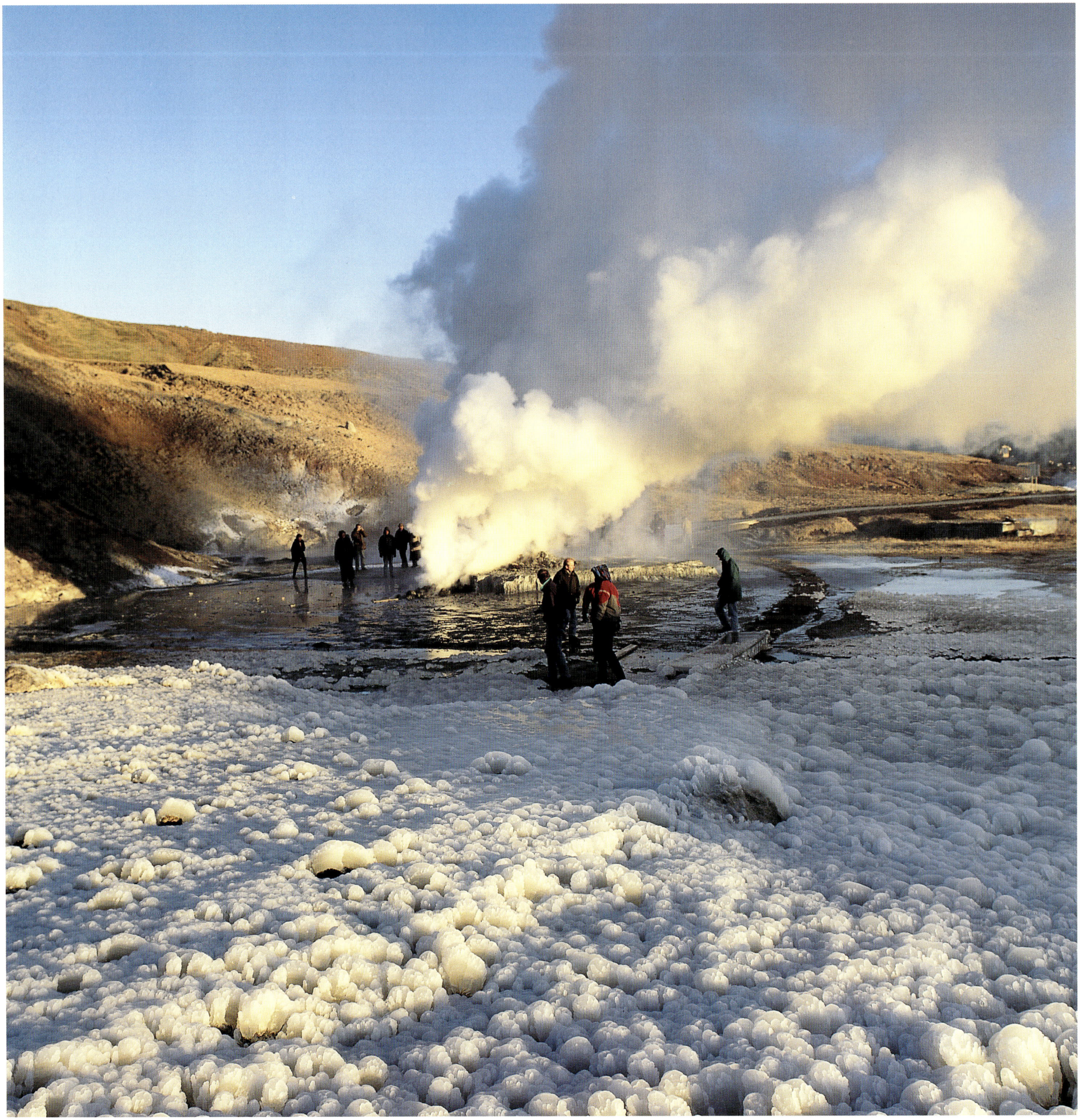

Dem Landpolizisten schien dies ein bedenkenswerter Einwand und er meldete den Fall mit all seinen Konsequenzen lieber an die vorgesetzte Behörde weiter. Vom zuständigen Gericht wurde Jón Jónsson schließlich zu einer Geldstrafe verurteilt; doch gegen das vor dem Richter geleistete Versprechen, die Schwarzbrennerei künftig zu unterlassen, wurde die Zahlung zur Bewährung ausgesetzt.

Dieses menschlich weise Urteil scheint mir einen entscheidenden Unterschied zwischen Island und größeren Staaten zu kennzeichnen. Die geringe Bevölkerungszahl hat zur Folge, daß man überall zunächst einzelne Menschen und nicht anonyme Behörden antrifft und von diesen umgekehrt immer noch als Einzelmensch und nicht als eine mit vielen über den gleichen Kamm zu scherende Nummer behandelt wird. Während man in Island zwar eine Personennummer hat, aber keine ist, verhält es sich in größeren Staatswesen doch nur allzuoft leider umgekehrt.

Ein typischer Ämtergang in Island findet über das Telefon statt und beginnt meist mit der Frage: «Erinnerst du dich an mich?» Damit ist der erste zwischenmenschliche Kontakt geknüpft, es kann über alles geredet werden. Natürlich besonders gern über andere.

Dann kommt die Schattenseite der eben in jeder Hinsicht überschaubaren Verhältnisse zum Vorschein. Über den zahmen Hofberichter-Ton isländischer Tageszeitungen sollte man sich daher nicht allzusehr wundern. Einen Enthüllungs-Journalismus leistet man sich in Island lieber schon darum nicht, weil man wenigstens nach außen hin einen Anschein von Privatsphäre erhalten will.

Überhaupt ist man in der isländischen Gesellschaft wie in so vielen kleineren Gemeinschaften in hohem Grad darauf bedacht, das Gesicht zu wahren. Verlöre man innerhalb einer Inselbevölkerung, deren Gesamtzahl in Deutschland nicht einmal Großstadtstatus zugesprochen erhielte, ein einziges Mal wirklich das Gesicht, so wäre man für Menschengedenken kompromittiert. Ohne echte Möglichkeit, an anderem Ort in der Anonymität einer unbekannten Masse neu beginnen zu können, lebt es sich in Island durchaus nicht ungeniert, wenn der Ruf erst ruiniert ist. Über vieles nicht öffentlich oder zumindest nicht mit Außenstehenden zu sprechen, obwohl selten etwas verborgen bleibt, hat somit eine ähnliche Schutzfunktion wie es bei den sogenannten Naturvölkern der Fall ist, welche die Nacktheit ihrer Stammesgenossen nicht wahrnehmen, obwohl sie sie natürlich genauso sehen wie wir.

Mit diesem Bild sollen die Isländer nun keineswegs durch die Hintertür wieder in den Stand eines Naturvolks und die Insel in die abgeschiedene Stille vergangener Jahrhunderte zurückversetzt werden, wie das so mancher zwischenlandende Reisejournalist durch unkritische Weitergabe längst überholter Klischees noch immer tut. Zwar sollte Island in einem Reisebuch über *Lonely Places* nicht fehlen, doch die Zeiten sind vorüber, in denen man es ungestraft vergleichen durfte mit alten Frauen, die mit hundert Katzen in einem Haus wohnen, das sie nie putzen: «Sie sind allein mit Spinnweben und vergilbten Fotos, Brotkrümeln und gerahmten Fotografien von sich selbst, als sie jung waren.» – So geschehen in dem 1993 von Pico Iyer in den USA veröffentlichten Buch «Some Lonely Places of the World».

Nichts könnte das Lebensgefühl besonders der Hauptstadt Reykjavík weniger treffen als dieses verfehlte Gleichnis. Schon statistisch betrachtet, ist kaum eine Bevölkerung Europas jünger als die Islands. Jede(r) vierte ist unter 14 Jahre alt, nur jede(r) zehnte über 65, und wohl wenige Generationen haben mehr Erfahrungen im Ausland gesammelt als die heutigen Reykwikinger zwischen zwanzig und vierzig. Die überwiegende Mehrheit von jenen, die einen akademischen Beruf anstreben, hat einen Teil ihrer Ausbildung in Übersee absolviert, von Au-Pair-Aufenthalten und natürlich Urlaubsreisen ganz zu schweigen.

Einmal übernachtete ich im einzigen Hotel der Island nördlich auf dem Polarkreis vorgelagerten Insel Grímsey. Bei Gelegenheit fungiert es per Handfunkgerät zugleich als «Tower» für ein vereinzeltes Flugzeug, das auf der holprigen Schotter-

Ein Muß für Islandreisende vergangener Jahrhunderte war der Besuch des Großen Geysirs. Am aktivsten war die 1294 erstmals erwähnte heiße Springquelle im 18. Jahrhundert, als sie zeitweise eine bis zu 70 Meter hohe Fontäne in die Luft schleuderte (kolorierter Kupferstich, 1813).

piste vor dem Haupteingang landen will. Ganz Grímsey hat inklusive Doppeleintragungen im Fernsprechbuch kaum fünfzig Telefonanschlüsse und außer einer Invasion von Seevögeln im Juni keine touristischen Attraktionen. Das gottvergessene Hotel aber wurde von zwei weltoffenen jungen Leuten geleitet, die ihre Fachausbildung in einem Mehrsternehotel auf Hawaii absolviert hatten. Jeden Winter flogen sie für ein paar Wochen zum Surfen dorthin zurück.

Samstagnacht. Egal, ob es um diese Zeit taghell ist und die Jungen, die ihren Harndrang ins Hafenbecken entleeren, sich dabei schon wieder von der Sonne zuschauen lassen oder ob ein eiskalter Sturm in finsterster Polarnacht nadelspitze Eiskristalle durch die Straßen peitscht: Islands moderne Sagaheldinnen stehen in halb durchsichtigen Blusen und Miniröcken unter weit geöffneten Mänteln dichtgedrängt vor den Kneipen und Diskotheken und warten ebenso heiter wie angeheitert auf Einlaß.

Mit dem enormen Aufschwung der Fischindustrie um die Jahrhundertwende begann ein Strom von Zuzüglern aus allen Landesteilen auf der Suche nach Arbeit die Hauptstadt zu überschwemmen. Seither wächst Reykjavík unaufhörlich – allerdings vor allem in die Breite: Nach wie vor ist der Turm der Hallgrímskirche das höchste Bauwerk der Stadt.

Reykjavík – eine Metropole holt auf

Wenn Iyers Reykjavík in seinen Erinnerungen selbst in hellen Mittsommernächten nur aus «kühlen, geisterhaften Straßen» besteht, möchte man meinen, er habe sich in diesen Nächten nie unter die Trauben von Jugendlichen auf Lækjartorg und Laugavegur gemischt, die an jedem Wochenende, gleich bei welcher Witterung, zwischen Mitternacht und fünf Uhr früh Reykjavíks Innenstadt zu einem feucht-fröhlichen Spektakel unter freiem Himmel machen. Was da vor sich geht, läßt sich andernorts nur mit den Schülerrandalen nach der Zeugnisausgabe vergleichen. In Reykjavík geschieht es jede Freitag- und

Dieses rituelle Ereignis ist allerdings so ziemlich das einzige, welches das ganze Jahr hindurch regelmäßig stattfindet. Ansonsten sind kulturelle Betätigungen in Island bislang fast ausschließlich dem Winterhalbjahr vorbehalten. Schulen und Hochschulen, Theater, Kinos, Kunstausstellungen – nichts beginnt vor September mit dem ernstgemeinten Betrieb, denn im Sommer haben so gut wie alle entweder einen Job auf dem Land oder verbringen die Ferien außerhalb der Stadt. Diese deutliche Zweiteilung des Jahres mit wenigen städtischen Aktivitäten während des Sommers trägt sicher dazu bei, daß vielen Touristen – und durchreisenden Journalisten – Reykjavík fälschlich mittelmäßig langweilig erscheinen mag.

AUF DER FLUCHT VOR KATASTROPHEN

Die Landflucht gehört, zusammen mit ihrer Kehrseite, der Verstädterung, zu den Phänomenen, die das Aussehen Islands im Lauf des 20. Jahrhunderts mit am stärksten verändert haben.

Nicht zufällig bildeten das von wirtschaftlichen Schwierigkeiten erzwungene Aufgeben jahrhundertelang bewirtschafteter Bauernhöfe und die mit dem Umzug in die Stadt verbundenen Änderungen in der Lebensweise beherrschende Themen der isländischen Schriftsteller nach dem Zweiten Weltkrieg. Auch wenn dieses Thema in der jüngsten Literatur Islands mittlerweile keine Konjunktur mehr hat, weil die nachfolgende Generation bereits zum überwiegenden Teil im städtischen Milieu Reykjavíks groß geworden ist, vollzieht sich das Höfesterben auf dem Land im stillen weiter. Nur wenn es sich durch aufsehenerregende Umstände noch einmal drastisch beschleunigt, gelangt es wieder ins Bewußtsein einer breiteren Öffentlichkeit. Zu solchen Umständen zählt auch die vermehrte Abwanderung aus den isländischen Westfjorden, die nach einer Reihe langer und harter Winter mit schweren Lawinenunglücken im Jahr 1995 einen neuen Höhepunkt erreichte.

Zunächst zerstörten am 16. Januar 1995 zwei kurz hintereinander fallende Lawinen das Zentrum des kleinen Fischerorts Súðavík. Überall in den Westfjorden waren hunderte von Strommasten vom Sturm geknickt worden, so daß in ganzen Ortschaften und auf vielen Einzelhöfen die Leute wochenlang ohne Heizung im Dunkel des Polarwinters saßen. Dieser Winter zehrte an der psychischen Konstitution vieler, und er dauerte lange: Erst Anfang Mai räumte die Straßenwacht eine Zufahrtsstraße in die Westfjorde durch bis zu 24 Meter hohe Schneewehen.

Am 25. Oktober 1995, kein Jahr nach der ersten Katastrophe, war es schon wieder soweit: Nur wenige Fjorde entfernt ging erneut eine gewaltige Lawine nieder. Diesmal wurden in Flateyri 17 Häuser dem Erdboden gleichgemacht. Zwanzig Menschen starben in den Trümmern. Immer mehr zogen daraufhin Konsequenzen aus den so spürbar schlechter gewordenen klimatischen Bedingungen. Sie gaben alles auf, zogen in die Stadt oder ins Ausland und lösten damit die größte Auswanderungswelle seit 1887 aus.

Nicht einmal 1973, nach dem ebenso überraschenden wie verheerenden Vulkanausbruch auf der Insel Heimaey, gab es eine derartige Abwanderung. In der Nacht des 23. Januar hatte sich ganz plötzlich nur 300 Meter von der Ortschaft entfernt eine anderthalb Kilometer lange Erdspalte geöffnet und in Dutzenden von Feuersäulen giftige Asche und glühende Lava ausgespien, die streckenweise bis zu 100 Meter in der Stunde vorrückte. Nur weil nach einem Sturm zufällig die gesamte Fischereiflotte der Westmännerinseln im Hafen lag, konnte die Inselbevölkerung vollständig evakuiert werden. Der Lavastrom aber wälzte sich 158 Tage lang unaufhaltsam über den Ort, verschlang an die vierhundert Häuser und drohte auch den Hafen zu verschütten. Daraufhin begannen die Isländer, die Stirn der fließenden Lavawand von Land und See aus mit 4500 Tonnen Meerwasser pro Stunde zu besprühen. Die vorderste Front begann dadurch zu erstarren und einen Wall gegen das nachdrängende Magma zu bilden. Im Juni 1973 endete die aktive Phase des Ausbruchs. Freiwillige gruben Heimaey aus 25 Millionen Kubikmeter Asche hervor. Schon im Juli zogen die ersten Einwohner wieder in ihre Häuser, und bald war Heimaey wieder aufgebaut und die alte Einwohnerzahl von gut 5000 Menschen fast wieder erreicht.

Derzeit findet sich jedoch in ganz Island nur eine Region, in der die Bevölkerungszahl zunimmt: das Gebiet um die Hauptstadt Reykjavík mit den mittlerweile unmittelbar angrenzenden Nachbargemeinden. Im Osten Islands ist die Einwohnerzahl wieder auf den Stand des Jahres 1979 gesunken. Besonders stark ist die Abwanderung jedoch in den westlichen Landesteilen. In den gesamten Westfjorden wohnen jetzt wieder so wenige Menschen wie zuletzt im Jahr 1860.

Karl-Ludwig Wetzig

Vor allem in den Westfjorden zeugen zahlreiche aufgegebene Gehöfte von den unerträglich harten Lebensbedingungen. 1 Die Kirche von Selárdalur. – 2 Verlassener Hof. – 3 Das ehemalige Haus des Künstlers Samuel Jónsson.

1–4 *In Reykjavík. Besonders die Jugend zieht es in die Großstadt. Beliebte Treffpunkte für jung und alt sind neben Cafés und Kneipen auch die mit dem im Überfluß vorhandenen Warmwasser versorgten zahlreichen Schwimmbäder.*

Eine weitere Ursache für diesen verkürzten Eindruck besteht darin, daß die meisten von zwei Möglichkeiten der Annäherung die falsche wählen: die mit dem Flugzeug in weniger als vier Stunden von Frankfurt oder einem anderen europäischen Großstadtmoloch. Mit den Eindrücken vom Stau am Frankfurter Kreuz oder dem Vielvölkergedränge in den Abfertigungshallen eines großen europäischen Flughafens noch frisch im Kopf kann Reykjavík kaum etwas anderes sein als eine beschauliche Kleinstadt ohne Hochhäuser und Industrieanlagen, aber auch ohne Autobahnknoten und Smogglocke. Anders als jemandem, der mit der Autofähre im Osten der Insel landete und bis Reykjavík schon siebenhundert unendliche Kilometer durch nahezu menschenleere Landschaften hinter sich gebracht hat, teilt sich dem Jetreisenden der enorme Gegensatz zwischen einem Leben in den abgeschiedenen Landstrichen Islands und *der* Stadt nicht mit. (1992 überschritt ihre Einwohnerzahl die

100 000er-Marke. Der Abstand zu den übrigen Orten ist damit so beträchtlich geworden, daß Reykjavík zu Recht als einzige «borg», Stadt, genannt wird, während andere Ansiedlungen noch immer mit dem Wort für Bauernhof, «bær», bezeichnet werden.)

Zusätzlich weist Reykjavík kaum die historischen «Jahresringe» einer gewachsenen Stadt auf, an denen man seine allmähliche Erweiterung erfahren könnte. Reykjavík ist nämlich nicht gewachsen, sondern innerhalb kürzester Zeit gewuchert. Im ersten Drittel des 19. Jahrhunderts war es noch eine so kleine Ansammlung unbedeutender Häuser, daß selbst das Gründungsmitglied der Royal Geographical Society, Sir John Barrow, bei seiner Anreise 1834 zweimal daran vorbeisegelte.

Das gewaltige Naturpanorama, in das die verschwindend kleine Siedlung Reykjavík früher eingebettet war und das auch heute noch von See her Anreisende überwältigen kann, läßt die Beschreibung des schottischen Hobbymineralogen und Groß-

5 *Hübsche Mitbringsel kann man im nostalgischen Kolonialwarenladen des Árbær-Freilichtmuseums erwerben, das vom Zentrum Reykjavíks aus mit dem Bus in einer halben Stunde erreichbar ist.*

Oben und rechts: Die zum großen Teil kubistisch beeinflußten Werke Ásmundur Sveinssons stehen an vielen Plätzen in Reykjavík, unter anderem vor seinem ehemaligen Atelier, dem heutigen Ásmundur-Sveinsson-Museum.

Oben: «Helreiðin» (Höllenritt; 1994).

Rechts: «Tónar Hafsins» (Töne des Meeres; 1950).

grundbesitzers Sir George Mackenzie aus dem Frühjahr 1810 erahnen: «Wir kreuzten die ganze Nacht hindurch und liefen dann bei Sonnenaufgang am Morgen des 7. Mai in den Faxafjörður ein. Es war ein klarer Tag, und wir hatten einen unverschleierten Blick auf das Amphitheater der Berge, welche den Fjord umrahmen. Auf der einen Seite wurde die Aussicht von den rauhen, kahlen und düsteren Hügeln begrenzt, die sich vom Kap Reykjanes nach Osten erstrecken; auf der anderen von dem erhabenen Snæfellsjökull, der sich turmhoch über die benachbarten, schneebedeckten Berge erhob, welche in unterschiedlichsten Formationen eine großartige Szenerie bildeten; allerdings eine solche, die den Zutritt des Menschen zu verbieten schien. Wo kein Schnee lag, hingen gräßliche Felsüberhänge über der See, oder in flacherem Gelände waren die zerstörerischen Auswirkungen unterirdischer Feuer auszumachen, wo nur ein Abenteurer hoffen konnte, Zugang zu finden.»

Die Gefahren einer solchen Annäherung zu Wasser mußten viele hundert Seeleute im Lauf der Zeit mit ihrem Leben bezahlen. So halten die Annalen fest, daß einer der gefürchteten überfallartigen Osterstürme allein am Gründonnerstag des Jahres 1419 nicht weniger als 25 englische Fischerboote an der isländischen Küste zerschmetterte. Alle Besatzungen seien dabei ums Leben gekommen. «Man kann daraus die Lehre ziehen, daß wenige Häfen in ihrer Wirkung auf den Ankömmling so sehr von Wind und Wetter abhängig sind wie der Hafen von Reykjavík», resümierte ebenso zutreffend wie lakonisch einmal einer seiner Anwohner.

Zu Mackenzies Zeiten besaß Reykjavík seit nicht einmal dreißig Jahren Stadtrecht und knapp dreihundert Einwohner. Mit der Verlegung des Althings und des Bischofssitzes sowie der Errichtung einer Wollfabrik waren die Grundlagen für seinen allmählichen Aufstieg zum echten politischen, kulturellen und wirtschaftlichen Zentrum der Insel zwar bereits gelegt, doch dieser Aufstieg vollzog sich anfangs alles andere als überstürzt. Noch am Beginn unseres Jahrhunderts hatte die Stadt erst knapp 6000 Einwohner. Durch vulkanische Bergketten und unfruchtbare Hochheiden war sie von den landwirtschaftlich bedeutenderen Gegenden abgeschnitten, und solange die isländische Gesellschaft ausschließlich agrarisch strukturiert war, strahlte Reykjavík keine übermäßige Anziehungskraft aus.

Als die Isländer sich jedoch mit Anbruch unseres Jahrhunderts vom Land ab- und der See zuwandten und erstmals in größerem Maßstab die damals ungeheuren Fischbestände vor ihrer Haustür selbst zu Exportzwecken zu nutzen begannen, da bot Reykjavík den Schleppnetzkuttern nach den hafenlosen Sandern der Südküste den ersten geeigneten Hafenort.

Der Zweite Weltkrieg schleuderte Island vollends aus dem reinen Agrarstatus in das Atomzeitalter und schuf dem Gebiet um die Hauptstadt durch die Einquartierung von rund 60 000 alliierten Soldaten zusätzlich eine solche Vielzahl von Arbeitsplätzen, daß er eine Lawine der Landflucht lostrat, die Reykjavík explosionsartig anschwellen ließ. In Erinnerung an den damaligen Aufschwung spricht manch älterer Reykjavíker hinter vorgehaltener Hand noch heute vom «gesegneten Krieg».

Seit Ende der fünfziger Jahre wohnt etwa die Hälfte der Gesamtbevölkerung Islands im Großraum der Hauptstadt. Den Schock plötzlichen Wohlstands hat Reykjavík nie ganz verkraftet. Ein städtebauliches Gesamtkonzept kann es bis heute nicht vorweisen. Überall hat man im Wildwuchs neu gebaut, alte Häuser, die im Weg standen, meist planiert. Einige, deren erhaltenswerte Substanz selbst den fortschrittstaumelnden Isländern nicht verborgen blieb, wurden demontiert und an anderer Stelle zwischen sechsgeschossigen Betonblocks ausgestreut wie eine Handvoll weggeworfener Spielwürfel

Ein häufiges Thema der isländischen Künstler ist die Geschichte und Natur ihrer Inselheimat.

Oben: «Stód» (Wildpferde; 1963/64) von Ragnar Kjartansson (1923–1988).

Unten: «Sólfarinn» (Sonnenschiff; 1986) von Jón Gunnar Árnason (1931–1989).

Schon ausgangs der fünfziger Jahre faßte der damalige Direktor des Naturkundlichen Museums von Reykjavík den zwiespältigen Gesamteindruck, den die Stadt noch heute bei vielen hinterläßt, in folgende, isländisch-zurückhaltend formulierte Kritik zusammen: «Die Stadt wirkt sehr verschieden auf die Fremden. Die meisten sind sicher der Ansicht, daß manches, was von Menschenhand stammt, an ihr recht mißglückt ist. Sie zeigt in den Hausformen, in der Anordnung der Häuser und überhaupt in der gesamten Anlage nur zu deutlich, daß die dünne Besiedlung des Landes durch tausend Jahre ein eigenwilliges, ‹selbständiges› Volk erzogen hat, welches immer noch nicht begreift, daß ein gedeihliches Zusammenleben in einer Stadt nur möglich ist, wenn die allzu mächtige Herrschaft des Individualismus ein klein wenig eingeschränkt wird.»

Noch immer möchte sich kein Isländer von einem anderen etwas vorschreiben lassen; erst recht nicht, wie das Haus und das Grundstück anzulegen sind, auf dem er siedelt.

Mindestens ein halbes Dutzend völlig neuer Stadtviertel ist seitdem hinzugekommen. An die Errichtung einer Kläranlage für die Abwässer von bald 100 000 Haushalten aber denkt man erst jetzt. Es wird die erste überhaupt auf der Insel sein.

Welcher ausländische Besucher, der Islands reine Luft in tiefen Zügen genießt und sich darüber entzückt, noch fast überall klares Wasser direkt aus Bächen und Wasserläufen trinken zu können, käme auf den argen Verdacht, daß Islands größter und lange einziger Naturschutz in der geringen Bevölkerungsdichte bestand. Nicht weil Isländer so viel in Naturschutz investiert hätten, ist das Land noch so sauber, sondern weil es so wenige von ihnen gibt.

Obwohl inzwischen einiges nachgeholt wird, nehmen die Isländer in Sachen ökologisches Denken und praktizierter Umweltschutz in der alltäglichen Praxis noch lange keine Vorreiterrolle ein. Noch immer stehen große Autos, die leicht mehr als zwanzig Liter Benzin verbrauchen, mit laufenden Motoren vor Geschäften, während die Fahrer drinnen den Wocheneinkauf erledigen. An der Kasse packen junge Mädchen hilfsbereit alles, was beim Transport auslaufen könnte, in kostenlose Extratüten. Weist man solche Hilfe mit dem Hinweis auf zuviel Plastikmüll zurück, erntet man allenfalls verständnislose Blicke, die mitleidig bis belustigt werden, wenn man gar mit dem eigenen Leinenbeutel anrückt. Müllvorsortierung in den Haushalten gibt es nicht. Gerade tauchen die ersten Altpapiercontainer im Stadtgebiet auf.

Kein Zweifel: Island hat ein Müllproblem. Gerade auf den abgelegenen Höfen gibt es keine kommunale Müllbeseitigung. Seinen Abfall vergräbt oder verbrennt jeder Bauer selbst. Auf manchen Höfen rosten ausgesonderte Fahrzeuge und Maschinen irgendwo auf dem Hofgelände vor sich hin. Werden sie undicht, tropfen das Öl und sonstige Chemikalien ungehindert in den Boden.

Noch wird den Isländern von ausländischen Experten gesagt, welche Ressource von großer wirtschaftlicher Bedeutung sie in ihrer noch sauberen Umwelt besitzen. Spricht man sie darauf an, welchen Beitrag sie selbst im Alltag zur Reinhaltung der Natur leisten, erhält man oft zur Antwort: «Ach, wir sind doch nur so wenige.» In dieser Überzeugung überließ man den ganzen «Segen» bislang vertrauensvoll den natürlichen Reinigungskräften des Meeres und der Erde.

Einen bedeutenden Aufbruch erlebte die isländische Malerei gegen Ende des 19. Jahrhunderts.

Symbolistische und phantastische Elemente kennzeichnen zahlreiche Werke Jóhannes S. Kjarvals (1885–1972).

1 «Der Traum vom Fliegen» (1935–1954).

3 «Gefährliche Überfahrt» (1938).

Übermächtige Natur

Wodurch, muß man sich jedoch fragen, sollte in Island auch die Überzeugung von der Allmacht der Natur erschüttert worden sein? Durch technologische Errungenschaften, die das alltägliche Leben an seiner Oberfläche scheinbar glatt und reibungslos machen, jedenfalls nicht. Sie können allenfalls heraufziehende Tobsuchtsanfälle der Elemente frühzeitig zu erkennen versuchen und vor ihnen warnen. Verhindern oder gar beherrschen können sie sie nicht. Und wehe, wenn eines der Frühwarnsysteme einmal versagt. Nicht umsonst verhält sich die Ausführlichkeit des Wetterberichts im isländischen Rundfunk zu dem in anderen Ländern wie eine Saga zu einer Kurzgeschichte. Als man wegen eines Computerausfalls im Wetteramt nur ein Mal ein über den Atlantik heranfegendes Sturmtief übersah, kostete die ausgebliebene Warnung sogleich das Leben mehrerer Seeleute, deren Boot noch in Sichtweite der Hafenmole von einer jähen Bö umgeworfen und unter Wasser gedrückt wurde.

Auf drei Seiten ist auch die Stadt, Reykjavík, von einem rauhen Meer umgeben, und auf der Landseite beginnen bald die vom Urzeiteis grob behobelten, kahlen, ja vegetationslosen Berge aus rauhem Basalt, die sich mit ihren steilen Flanken aus Lavaschutt jeder Kultivierung oder Besiedelung verschließen. Aller Urbanisierung zum Trotz sieht man selbst vom Zentrum der Innenstadt aus noch, daß es in Island tatsächlich überall ein «Draußen» gibt, das noch nicht in Zivilisation umgewandelt ist, sondern ihren Gegensatz darstellt: eine Natur, die den einzelnen sich klein, verloren und verlassen vorkommen läßt.

Von daher mag es naheliegen, den bei vielen Isländern noch immer ungebrochenen Glauben an Naturgeister wie Elfen, Trolle, «verborgenes Volk» und dergleichen zu interpretieren als symbolischen Ausdruck vom Rechnen mit unsichtbaren, aber

2 *Jón Stefánsson (1881–1962), der kraftvolle Maler des Expressionismus («Pferde im Schnee»; 1929).*

4 *Ásgrímur Jónsson (1876–1958) – hier sein 1916 entstandenes Gemälde «Abend in Reykjavík» – wurde besonders durch seine Darstellungen isländischer Orte und Landschaften bekannt.*

5 *Unter den isländischen Künstlern des 20. Jahrhunderts gibt es zahlreiche Frauen: die Malerin Björg Thorsteinsdóttir in ihrem Atelier.*

Fortsetzung Seite 89

DER SÜDEN

Wenig später setzte Schneefall ein und der Wind trieb uns große nasse Flocken ins Gesicht. Nebelschleier flatterten umher. Und dort, wo sich eben noch die Lavafelder … dehnten, zogen jetzt Wolken unter uns vorbei, die wie Wolleknäuel wirkten. Kein Blick durchdrang diese milchigen Schwaden. Wir standen zwischen zwei Himmeln. Innerhalb von wenigen Minuten waren wir eingeschlossen. Wir konnten keine fünf Meter weit sehen. Ringsum nichts als milchiges Weiß. Und die klirrende Kälte, die durch den Wind noch verstärkt wurde, setzte uns mächtig zu.

Achill Moser, 1986

73

◁ LANDMANNA-
LAUGAR

Unterwegs durch das Hochland (links und rechts). Zu den größten Herausforderungen gehört das Durchqueren der zahlreichen Flüsse. Oft führen heftige Regenfälle oder Tauwetter zum plötzlichen Ansteigen des Wassers und lassen sie zu unüberwindlichen Hindernissen werden.

ÖRÆFAJÖKULL   Unter lautem Getöse stürzen immer wieder gewaltige Eisblöcke, Bruchstücke des Fjallsjökull, einer Gletscherzunge des Öræfajökull, in den tiefen Schmelzwassersee Breiðárlón.

LANGISJÓR   *Am südwestlichen Rand des Vatnajökull liegt der See Langisjór, der wie die meisten Gewässer im Süden von den großen Gletschern gespeist wird.*

LAKI-KRATERREIHE *Aus den 130 Kratern der 24 Kilometer langen Laki-Spalte quollen 1783/84 rund 30 Milliarden Tonnen Lava. Sie begruben 15 Gehöfte unter sich; durch den Niederschlag aus giftigen Dämpfen und Asche wurde ein Großteil des Viehs vernichtet. Blick auf einen der Krater.*

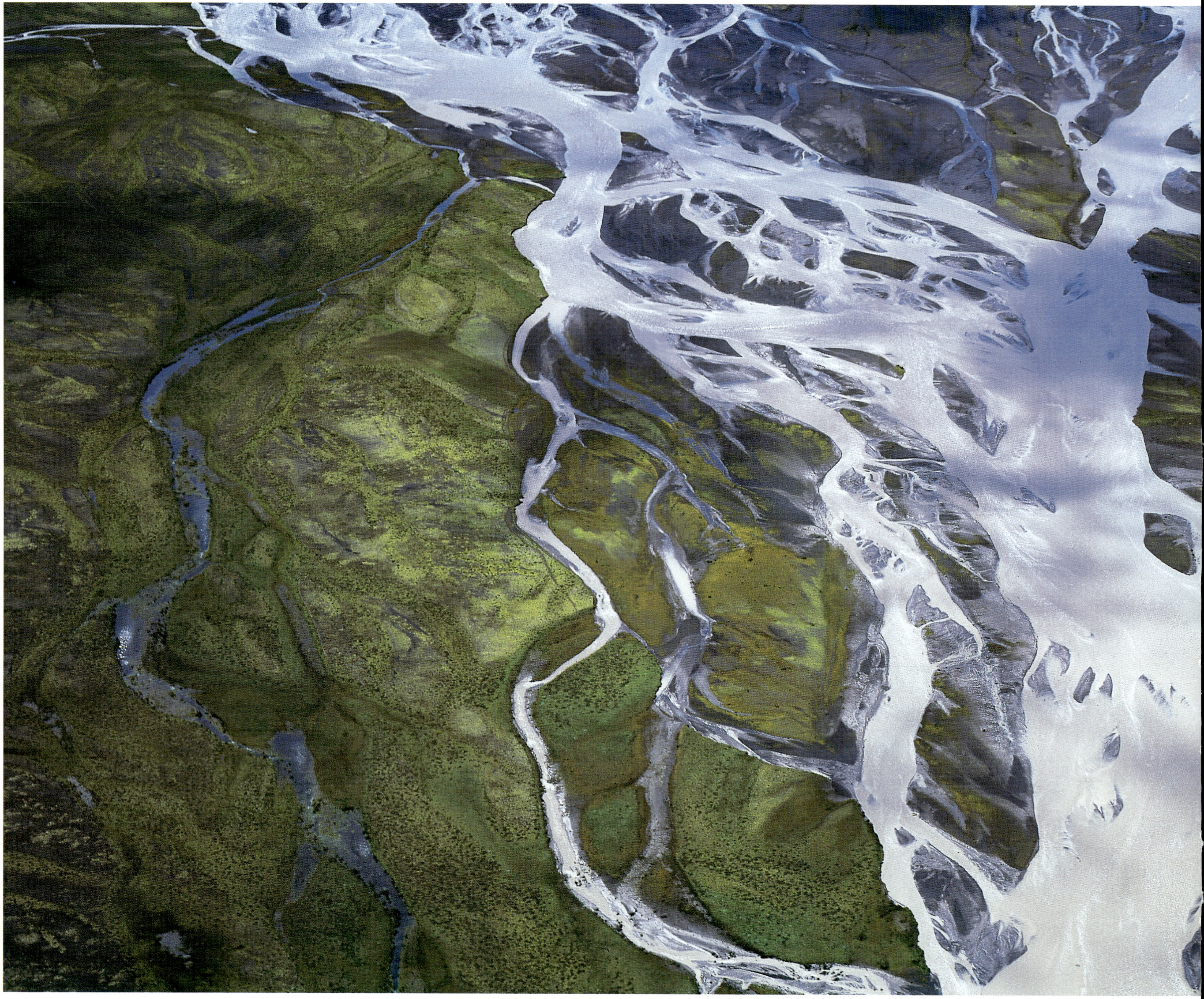

SKEIÐARÁRSANDUR *Im Süden des Vatnajökull suchen sich die riesigen Schmelzwassermengen des Gletschers in Tausenden von Flußarmen ihren Weg ins Meer. Diese Sanderflächen konnten bis zum Brückenbau 1974 nur mühsam mit speziell trainierten, sogenannten Wasserpferden durchquert werden.*

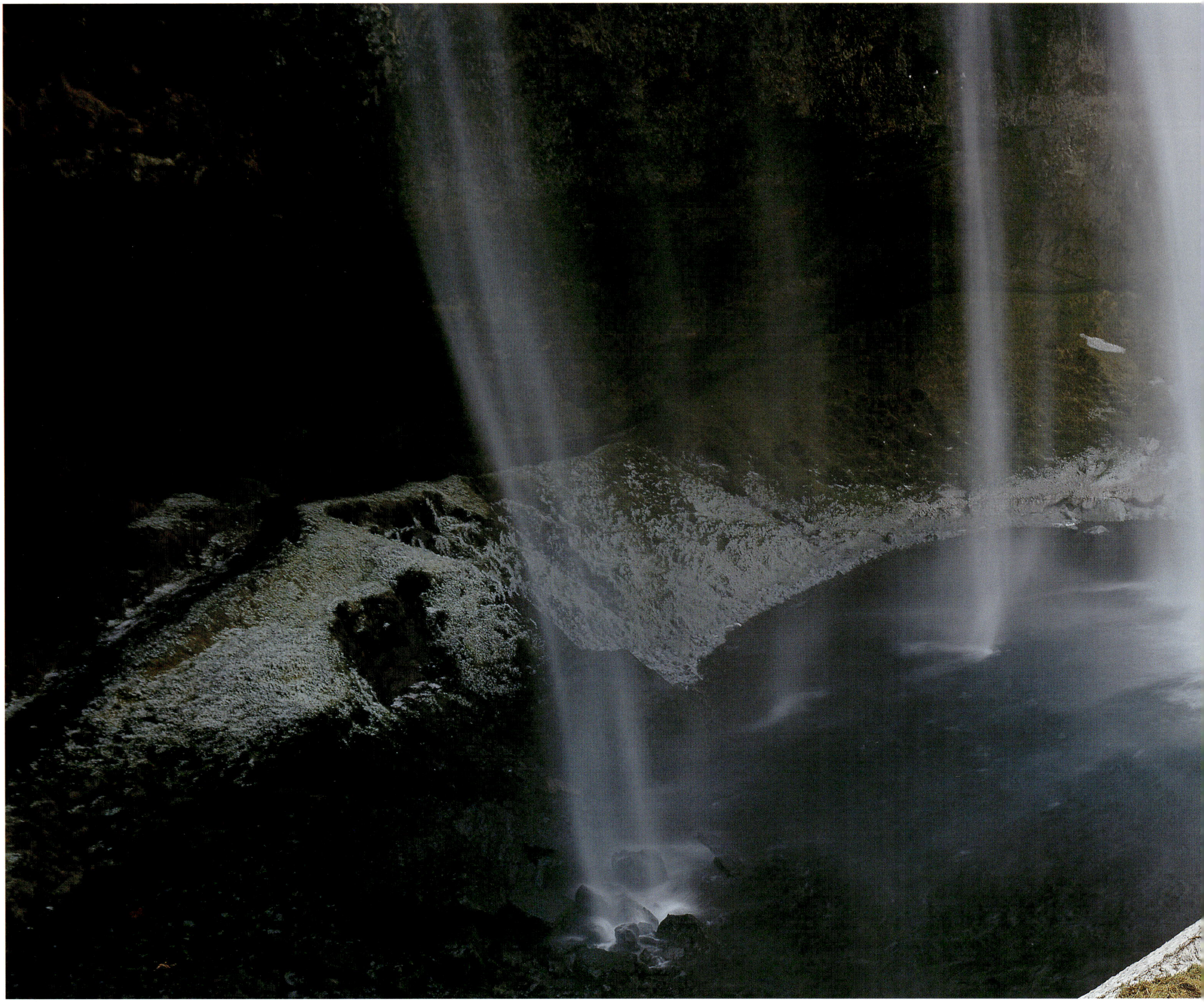

SELJALANDSFOSS *Von den westlichen Steilwänden des Eyjafjöll, unterhalb des Eyjafjallajökull, stürzen mehrere eindrucksvolle Wasserfälle in die Tiefe, wie hier der 40 Meter hohe Seljalandsfoss.*

LANDMANNA-
LAUGAR

Eine geradezu unwirkliche Urlandschaft: Die heißen Quellen bei Landmannalaugar sind von zerklüfteten Rhyolithbergen umgeben. Je weiter man in den Süden zur Þórsmörk vordringt, desto grüner und fruchtbarer präsentiert sich die Landschaft.

ÞÓRSMÖRK   *Das von den Wasserarmen des Markarfljót durchzogene Tal Þórsmörk, zwischen den Gletschern Tindfjalla-, Eyjafjalla- und Mýrdalsjökull gelegen, ist ein beliebtes Wandergebiet.*

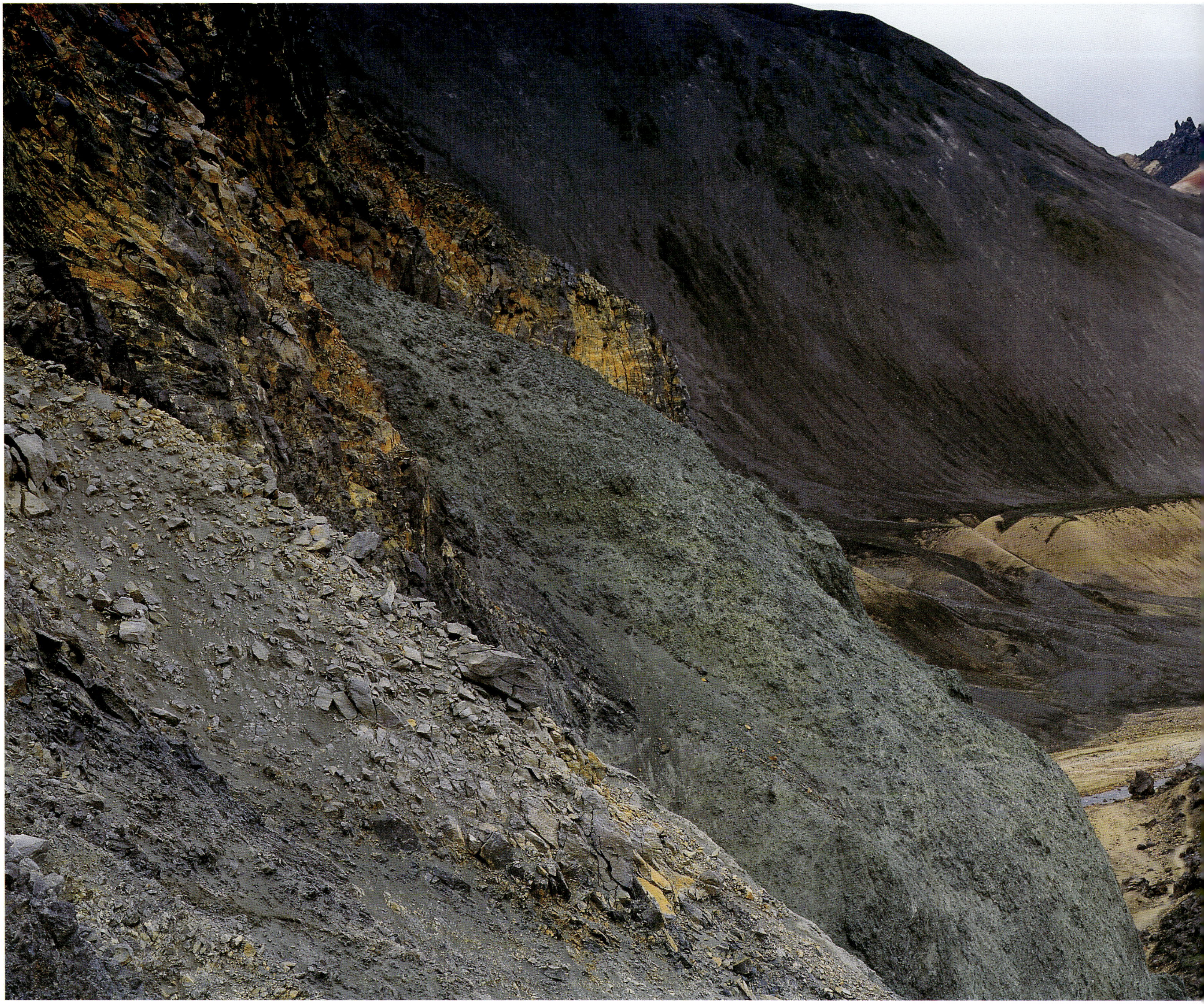

LANDMANNALAUGAR *Durch die Einwirkungen vulkanischer Gase und mineralhaltiger Lösungen leuchten die Rhyolithberge rund um Landmannalaugar in vielen Farben. Sie gehören zu den schönsten dieser Art in Island.*

KAP DYRHÓLAEY *Das im äußersten Süden Islands gelegene Kap Dyrhólaey war einst eine der Küste vorgelagerte vulkanische Insel. Heute ist es durch schwarze Sanderflächen mit dem «Festland» verbunden.*

Letzte Strahlen der Abendsonne am Gletschersee Jökulsárlón. Er bildete sich erst vor rund fünfzig Jahren durch den allmählichen Rückzug des Breiðamerkurjökull, einer Gletscherzunge des Vatnajökull.

JÖKULSÁRLÓN ▷

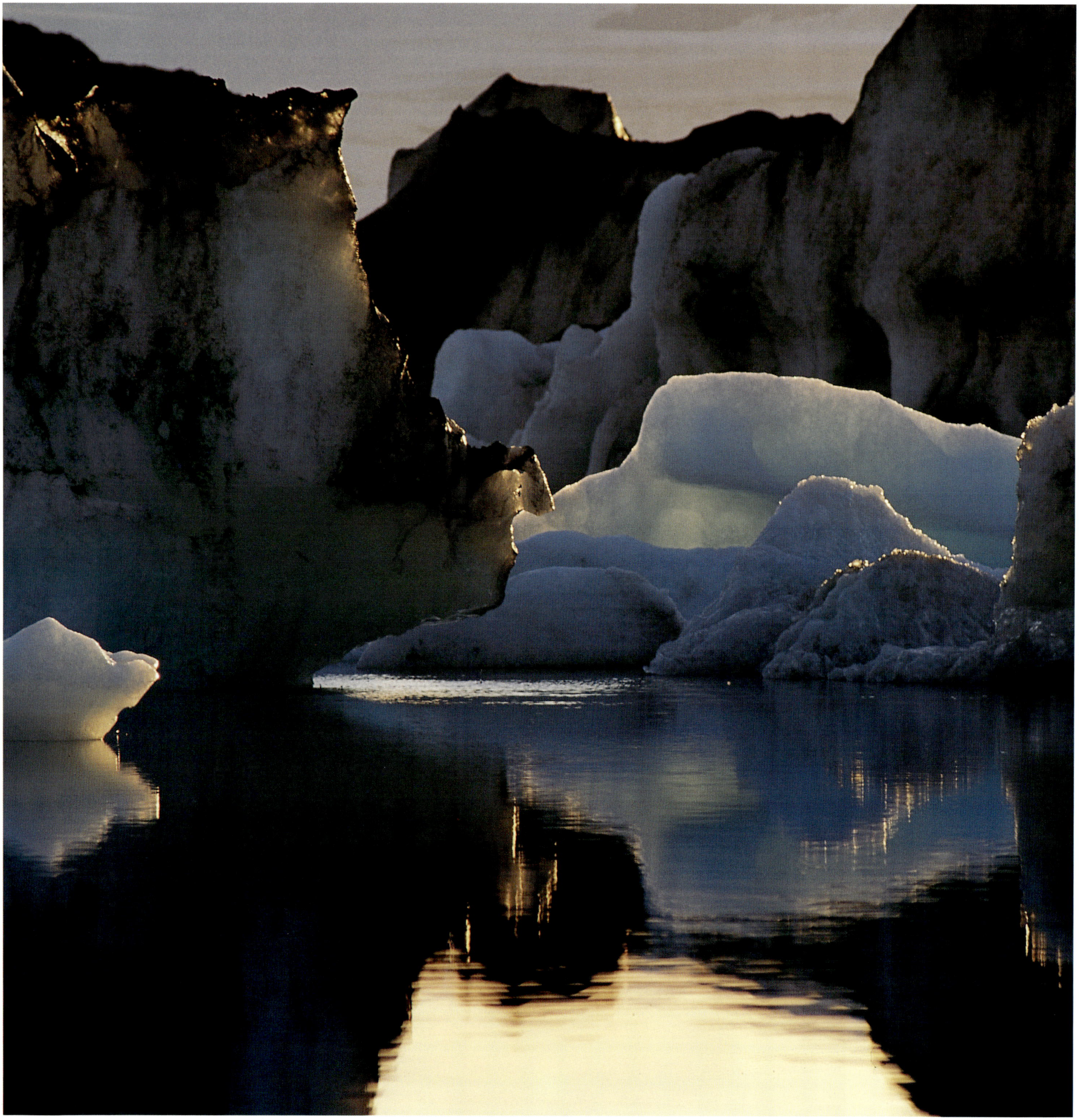

stets bedrohlich vorhandenen Gewalten einer Natur, die noch an jedem Ort und zu jeder Zeit zerstörend in das Leben der Menschen eingreifen kann.

Spätestens seit ich selbst einmal fünf Tage und Nächte lang von einem jener wütenden winterlichen Schneestürmen in einem abgelegenen Bauernhof im Norden Islands verschüttet wurde, soll mir niemand mehr etwas von «mütterlicher Fürsorglichkeit» der Natur erzählen wollen. Sicher war ich auch vorher nicht so eitel, zu glauben, die Natur habe etwas gegen die Menschen oder gar gegen mich persönlich. Doch wenn ich in Island etwas über das Verhältnis der Natur zum Menschen gelernt habe, so ist es die Einsicht, daß ihr nichts gleichgültiger ist als wir. Eine Natur, der es noch vergönnt ist, mehr zu sein als ein verschnittenes Bonsaigärtchen in unserem Hinterhof, ist einfach erhaben über die zu ihren Füßen ameisenhaft umherwimmelnde Nichtigkeit Mensch.

Dieses Gefühl eigener verlorener Winzigkeit gepaart mit einem ehrfürchtigen Staunen vermag einem die Natur auf Island zuweilen tatsächlich noch einzugeben. Manchmal reicht es, dazu allein in der menschenleeren Hochlandwüste zu stehen und den ewigen Wind von den Gletschern herab über die steinige Unendlichkeit aus Lavageröll streichen zu hören. Respekt verschafft sich die Natur nachdrücklich, wenn sie wieder einmal einen Ort unter einer Lawine begräbt und ihn anschließend ein Vierteljahr lang nicht mehr aus ihrem eisigen Griff läßt. Bei einem Blick zurück in die Landesgeschichte gerinnt das ehrfürchtige Staunen vollends zu erschreckter Ehrfurcht, wenn man sich vergegenwärtigt, daß in historischer Zeit ein einziger Vulkanausbruch eine Lavamenge auswarf, mit der sich eine Fläche von der Größe der Niederlande vollständig mit einer 30 Zentimeter dicken Schicht aus flüssigem Gestein überziehen ließe; und daß der bei diesem Ausbruch freiwerdende giftige Gasatem mehr als 10 000 Rinder, fast dreimal so viele Pferde und 200 000 Schafe erstickte, seine Asche ganze Weidelandschaften zudeckte und in der Folge ein Fünftel der Inselbevölkerung verhungern ließ – so geschehen beim Aufbruch der Laki-Spalte 1783, dem größten nacheiszeitlichen Lavaausbruch auf der Erde. Der dänische König, damals auch isländisches Staatsoberhaupt, erwog ernsthaft, ob er die Überlebenden evakuieren und Island als menschenleere Einöde aufgeben sollte.

Nein, im hohen Norden wird der blauäugige Glaube an ein fürsorgliches Bündnis zwischen Mensch und Natur nicht entstanden sein. In Island haben die Menschen jahrhundertelang der Natur zum Trotz überlebt.

«Island», schreibt Sigurður Thorarinsson, ehemaliger Direktor des isländischen Nationalmuseums, «liegt auf der Grenze des Möglichen für ein Volk, das ein zivilisiertes Leben führen will. Viele Völker haben mit unfreundlicher Witterung zu kämpfen, manche haben unter vulkanischen Ausbrüchen und Erdbeben schwer gelitten, und Treibeis und Gletscher bedrohen nicht nur die Isländer. Aber kein anderes Volk hat sich gegen alle diese Feinde zu wehren. Deshalb kann die Geschichte des isländischen Volkes nicht allein von Historikern verstanden und erklärt werden. Dazu ist sie zu eng mit der Geschichte des Klimas und der Witterung im Lande, mit der Geschichte der Windverwehungen und Bodenzerstörung, mit der Geschichte von Feuer und Eis verbunden.»

Daß diese Äußerungen sich nicht nur auf die Vergangenheit der Insel richteten, sondern wohlbedacht im Präsens formuliert und jederzeit in Geltung sind, wurde 1996 erneut deutlich:

Unter kräftigen Erdstößen öffnete sich Anfang Oktober unter dem Eis des Vatnajökull eine Vulkanspalte. In nur dreißig Stunden schmolz die ausströmende Hitze einen Panzer aus 450 Meter dicken Eisschichten und begann unter heftigen Explosionen aus einer bald kilometergroßen Kluft zu Dampf verwandeltes Gletschereis und rabenschwarze Asche 5000 Meter hoch in die Luft zu schleudern. Die Beobachtung aus der Luft ergab, daß die vier Schmelzwasserkessel bereits zu einer einzigen, kilometerlangen Spalte verschmolzen waren. Anfangs fürchtete man, der stürmische Wind aus südlicher Richtung (Stärke 7–9) könnte mit der Aschewolke giftige Schwaden von Fluorgas über die Insel treiben, und forderte im Rundfunk die Bauern auf,

An gestrandete Wale erinnern die riesigen Eisblöcke, die der Gletscherlauf vom November 1996 in den Skeiðarársandur gespült hat. Diese plötzliche Schmelzwasser-Sturzflut war eine Folge des Vulkanausbruchs unter dem Gletscher Vatnajökull.

89

vorsorglich das Vieh in die Ställe zu treiben. Ausländische Journalisten schnappten von dieser Meldung vor allem das isländische Wort für Schaf, *kind*, auf und meldeten prompt eine akute Gefährdung isländischer Kinder in alle Welt hinaus.

Die an derlei gewöhnten Isländer nahmen hingegen den ihrer Auffassung nach weit entfernten Ausbruch in der leeren Mitte ihres Landes von der unterhaltsamen Seite. Sobald das Herbstwetter besser wurde, brummte am Himmel über Island ein Luftzirkus an- und abfliegender Privatflugzeuge. Alles, was Flügel hatte, flog zum Vulkan. Schon von weitem sah man über der endlosen Weite des Vatnajökull die helle Eruptionswolke in der reglosen Frostluft stehen. Unter ihren Dampfwirbeln klaffte ein gewaltiger Abgrund, in dem ein höllisches Gemisch aus tintentrübem Wasser, tiefschwarzem Schlamm und schmelzenden Eisbergen trieb. Aus einem schwarzgeränderten Kraterauge, das vielleicht 10 Meter über das infernalische Gebräu hinausragte, blühten immer wieder aschegesprenkelte Eruptionsfontänen empor, in denen sich grelle Blitze entluden.

Nach zwei Wochen nahezu unvermindert anhaltender Aktivität kam der Vulkan im 2000 Meter hohen Bárðabunga-Massiv jedoch allmählich zur Ruhe, ohne meßbaren Schaden angerichtet zu haben. Die ernsthaftere Bedrohung für menschliche Einrichtungen am Fuß des Gletschers sollte erst noch kommen. Während der gesamten Ausbruchsphase waren in jeder Se-

Oben und rechts: Der Skeiðarársandur nach dem großen Gletscherlauf des Jahres 1996. Zwischen den zum Teil turmhohen Eisblöcken, Zeugen einer Naturkatastrophe gewaltigen Ausmaßes, sind häufig noch die Spuren des ablaufenden Wassers zu erkennen.

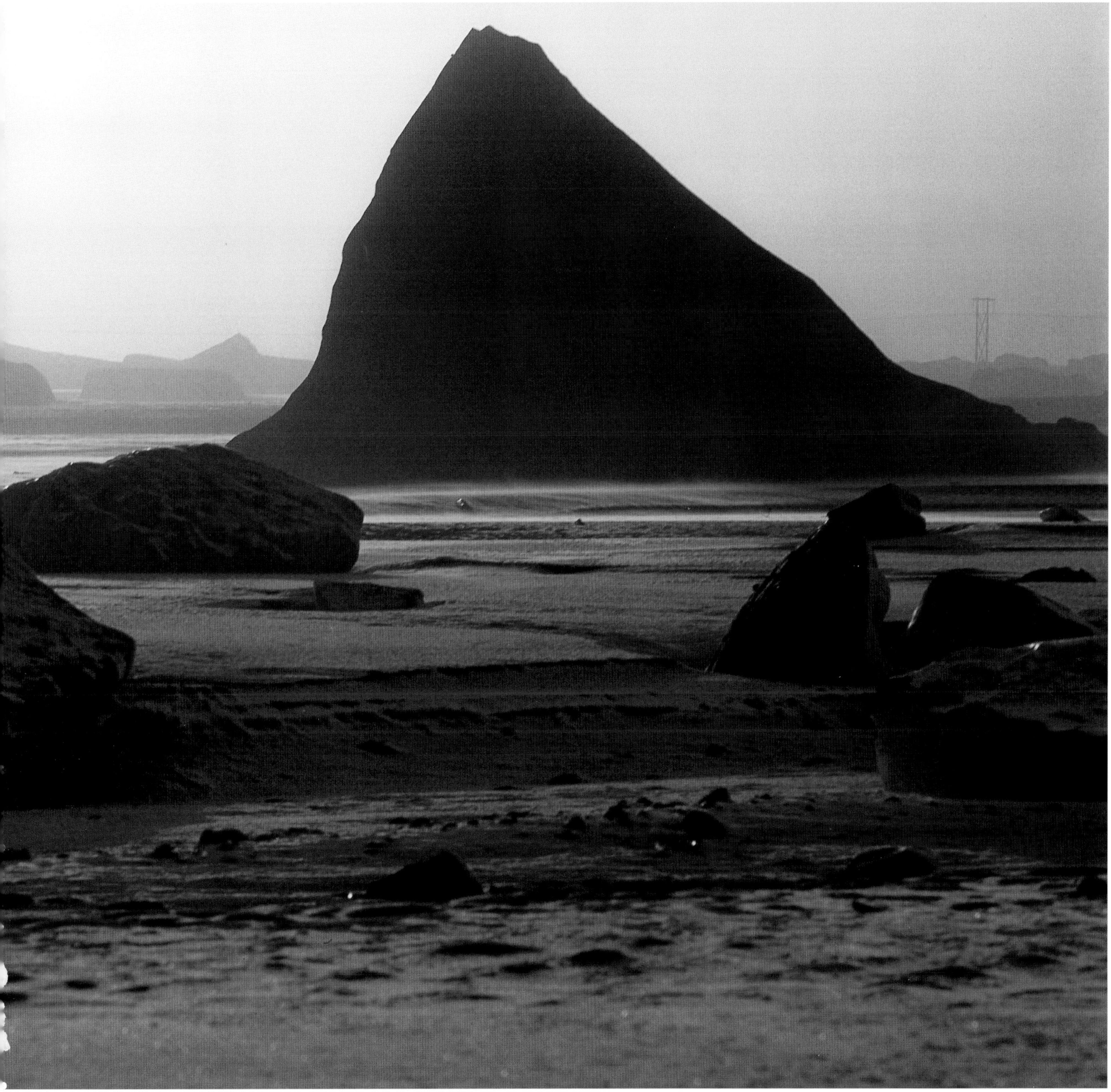

kunde etwa 5000 Kubikmeter Schmelzwasser in Risse und Spalten des Gletschers gepreßt worden. Insgesamt mehr als drei Kubikkilometer schwarzer Schlammfluten waren in einem natürlichen Auffangbecken tief unten im Gletscher zusammengeströmt, in den Grímsvötn, dem vor langer Zeit eingebrochenen Kraterkessel eines ebenfalls noch immer unter dem Vatnajökull aktiven Vulkans. Schon nach der ersten Woche hatte sich die Eisdecke über dieser 40 Quadratkilometer großen Caldera um mehr als 20 Meter über den jemals gemessenen Höchststand emporgewölbt. Es konnte also nur noch eine Frage der Zeit sein, bis die Wassermassen den Eisriegel vor dem Kraterabfluß aufschwimmen lassen und – bereits zum dritten Mal in diesem Jahrhundert – in einem gewaltigen Gletscherlauf hinab auf die Küstenebene des Skeiðarársandurs stürzen würden.

Außer auf einigen vereinzelten Bauernhöfen auf geschützten Höhenrücken zwischen den Ausläufern des Gletschers lebten in der Region zwar keine Menschen; die Überlandleitung allerdings, welche die Stromversorgung des gesamten Südostens gewährleistete, war ebenso gefährdet wie die hier erst 1974 vollendete Ringstraße um die Insel mit ihren langen Brücken über die zahllosen, oft ihren Lauf ändernden Flußarme.

Um für den größten Anprall der Fluten zusätzliche Abflußmöglichkeiten zu schaffen und die Brücken vom Wasserdruck zu entlasten, rissen Bautrupps die Zufahrtsdämme teilweise ein und verstärkten an anderen Stellen die Schutzdeiche. Abend für Abend wurde die Straße für den Verkehr gesperrt. Doch die Naturgewalten hielten wieder einmal alle zum Narren. Zuerst die Wissenschaftler, die beinahe täglich ein unmittelbar bevorstehendes Kommen der Flutwelle vorhersagten, dann die ausländischen Berichterstatter von Japan bis Brasilien, die einer nach dem anderen enttäuscht abreisten, ohne die Sensationsstory des Jahres gemeldet zu haben, und schließlich die alteingesessenen Bauern, die sich in der trügerischen Gewißheit früherer Erfahrungen wiegten und meinten, einen solchen Lauf könne man stets Tage vorher an einem stechenden Schwefelgeruch vom Gletscher her erkennen.

Am Morgen des 4. November kam das Wasser. Ohne vorherigen Schwefelgeruch und viel schneller als irgend jemand erwartet hatte. In der Nacht registrierten Meßgeräte erdbebengleiche Detonationen am Ausfluß der Grímsvötn; als es hell

Die Vulkanausbrüche im Gebiet der Westmännerinseln sorgten weltweit für Aufsehen.

Oben: Durch einen untermeerischen Ausbruch entstand die Insel Surtsey.

Rechts: Der Ausbruch des Helgafell auf Heimaey 1973 zerstörte einen Großteil des gleichnamigen Ortes.

Kilometern gab es keine Spur mehr von der ehemaligen Straße, Deiche und Strommasten waren ebenfalls über weite Abschnitte verschwunden. Kühlwagen mit dem gesamten Fang aus dem dadurch abgeschnittenen Fischerort Höfn, alle Linienbusse und jedes Privatauto aus dem Osten der Insel mußten nun einen Umweg von tausend Mehrkilometern durch den im Winter tief verschneiten Norden der Insel zurücklegen, um die Hauptstadt Reykjavík zu erreichen.

Oben im Gletscher war der Eisschild über den Grímsvötn auf seiner gesamten Fläche 150 Meter in die Tiefe gebrochen und in ein gigantisches Spaltenfeld zerborsten. Durch den verminderten Druck über der Magmakammer nach dem Abfluß des

geworden war, riß es 50 Kilometer weiter unten bereits die Gletschertore auseinander. Innerhalb von zwei Stunden nahm die Wassermenge in der Skeiðará um das Hundertfache zu. Am Mittag war schon eine der vier Straßenbrücken von haushohen Eisbergen weggerissen, eine zweite auf ganzer Länge überspült. Noch bevor dieser Tag zu Ende ging, erreichte die Flutwelle ihren Höchststand: 45 000 Kubikmeter Schmelzwasser gurgelten und schossen in jeder Sekunde über den Sandur. Insgesamt wenigstens 100 Millionen Tonnen Wasser, Eis und Schlamm.

Als die Flut zurückging, stand nur eine Brücke unversehrt in einer von tonnenschweren Eistrümmern übersäten Schlammwüste. Pfeiler aus massivem Stahlbeton waren komplett von ihren Verankerungen im Untergrund abgeschnitten und kilometerweit verschoben worden. Auf einer Strecke von zehn

Schmelzwassers brach kurzzeitig der Vulkan noch einmal aus. Die Eisbarriere, die bislang sein Schmelzwasser in dem subglazialen Kratersee zurückhielt, existierte nicht mehr. Zahl und Ausmaß künftiger Gletscherläufe wurden dadurch unvorhersehbar verändert. Im Mündungsgebiet der Gletscherflüsse hatte der mitgeführte Schlamm die Küstenlinie um mehrere hundert Meter ins Meer vorgeschoben.

Erosion, die schleichende Gefahr

Was Island einerseits durch solch spektakuläre Ausbrüche der Naturgewalten hinzugewinnt, wird ihm andernorts auf sehr viel weniger ins Auge springende Weise wieder genommen. Der schleichende Abtrag von fruchtbarem Boden durch das Zusam-

Bereits rund zehn Monate nach Beginn des insgesamt von 1963 bis 1967 dauernden Ausbruchs hatte die neu entstandene Kraterinsel Surtsey eine beachtliche Größe erreicht. Heute umfaßt sie eine Fläche von rund 3 Quadratkilometern.

Gletscher bedecken über 11 Prozent des Landes, sie speisen die größten Flüsse Islands.

Oben: Gletscherhöhle im Vonarskarð-Gebiet.

Unten links: Die Quelle der Jökulsá á Fjöllum am Dyngjujökull.

Unten rechts: Schmelzwasser des Vatnajökull.

menspiel von Wind, Frost und Wasser ist noch immer die größte Bedrohung der empfindlichen ökologischen Verhältnisse auf der Insel. Durch Erosion ist die Bodenfläche Islands heute zu mehr als der Hälfte völlig ohne Vegetation. Rechnet man noch die von Gletschern und Seen bedeckten Flächen ab, dann bleibt nicht viel mehr als ein Viertel der Insel, das von Pflanzenwuchs in irgendeiner Form, und sei es von Moosen und Flechten, bedeckt ist.

ser der radikalen Entwaldung und damit der vermehrten Abtragung von Boden war aber der Mensch. Ahnungslos über die ökologischen Zusammenhänge haben die Isländer der Freistaatzeit in ihrer «Landnámabók» («Landnahmebuch») selbst die Anfänge der Umweltzerstörung dokumentiert: «Ketill der Blinzler kaufte Land ... nördlich von Klif ... Die Gegend oberhalb von Klif heißt Buschwaldtal, denn es gab dort zwischen dem Waldfluß und dem Seitenfluß so viel Buschwald und Dickicht, daß

Das war nicht immer so. Als die ersten Landnehmer kamen, weiß man heute, lagen die Verhältnisse beinahe umgekehrt. Ein Viertel der Insel, vor allem das Tiefland rund um die Küsten, war sogar von Birkenwald bestanden. Heute rechnet man hingegen nur noch ein Prozent des Landes als Waldfläche.

Klimatische und andere natürliche Faktoren, wie der Ascheregen nach großen Vulkanausbrüchen, mögen das ihre dazu beigetragen haben, die Bedingungen zu verschlechtern; Auslö-

man dort nicht siedeln konnte. Ketill war ein schwerreicher Mann; er ließ den Wald großflächig roden und besiedeln.»

Das Abholzen des Waldes für Haus- und Schiffsbau und Feuerung bei gleichzeitiger intensiver Beweidung der neu entstandenen offenen Flächen durch Schafe führte dazu, daß die Isländer schon im hohen Mittelalter alles Bauholz importieren mußten. Damit wurden sie von den norwegischen Königen, vor denen sie einstmals ausgewandert waren, wieder zunehmend

Der Breiðamerkurjökull, eine gewaltige Gletscherzunge am Südwestrand des Vatnajökull.

abhängiger und mußten ihnen im Jahr 1262 für das Linsengericht von sechs jährlichen Versorgungsschiffen ihre Unabhängigkeit verkaufen.

Inzwischen sind diese Zusammenhänge längst erkannt, und durch wirtschaftliche Zwänge und gesetzliche Auflagen hat man den Schafbestand gegenüber früher um mehr als die Hälfte auf rund 490 000 Tiere verringert. Zudem sind weite Gebiete des Hochlands eingefriedet worden, so daß Überweidung durch Schafe keine so große Bedrohung mehr darstellt. Statt dessen sehen manche Naturschützer in der stetig zunehmenden Zahl der Islandpferde eine heranwachsende Gefahr. Aufgrund der Maschinisierung der Landwirtschaft war ihre Zahl in den sechziger Jahren mit 30 000 Tieren auf einen Tiefstand abgesunken; dann kam ihre Wiederentdeckung als Freizeitpferd. Allein im letzten Jahrzehnt nahm der Bestand um mehr als 30 Prozent zu. Bald werden 80 000 Islandpferde auf den Wiesen des Landes grasen. Hinzu kommt die moderne Kavallerie der Off-Road-Fahrer aus dem In- und Ausland, von denen immer wieder einige mit den grobstolligen Reifen ihrer Geländefahrzeuge die empfindliche Bodenoberfläche noch jenseits aller Pisten aufreißen und damit neue, kaum je verheilende Angriffsflächen für Wasser- und Winderosion schaffen.

Diese natürlichen Erosionsformen waren und sind in Island unablässig am Werk. Regen wird vom heftigen Wind tief in die kleinsten Gesteinsspalten gepeitscht und durchsickert die Poren und Risse der Lava. Der häufige Wechsel von Frieren und Tauen sprengt dann selbst große Felsen und sorgt für eine kräftige Frostverwitterung. Wassergesättigter Moor- und Feuchtwiesenboden, der etwa die Hälfte der bewachsenen Oberfläche ausmacht, dehnt sich im Frost zu den charakteristischen *Púfur* – Bülten, die von Schmelzwasser unterspült und aufgebrochen werden können. An Hängen bildet noch gefrorener Boden im Frühjahr eine Gleitschicht für darüberliegende feuchtschwere Erde. In großen Schlammlawinen rutschen ganze Hänge ab. Im Sommer nimmt der Wind ausgetrocknetes Erdreich mit. Wo andere Erosionsarten vorgearbeitet haben, kann der in Island stets kräftig und ausdauernd blasende Wind angreifen. Auf diese Weise wurde seit der Besiedlung, also seit rund tausend

Im See Mývatn ragen mehrere sogenannte Pseudokrater auf. Sie entstanden bei Wasserdampfexplosionen, als heiße Lava sich über Wasser schob und dieses schlagartig verdampfte.

Jahren im Durchschnitt auf jährlich rund 30 Quadratkilometer Fläche die fruchtbare oberste Bodenschicht weggeweht.

Erst zu Anfang dieses Jahrhunderts, als die Ausbreitung der Wüsten ihre höchste Geschwindigkeit erreicht hatte, erließ man erste Gesetze und Maßnahmen zur Erhaltung der Vegetation. 1907 wurde ein staatliches «Amt für Erhaltung und Vermehrung der Vegetation» gegründet. Es hat mittlerweile 116 Gebiete mit zusammen 240 000 Hektar Land gegen Beweidung einzäunen lassen. Seit 1958 sät es aus der Luft Strandhafer, Alaskalupinen und Birkensamen, um kahle Bodenflächen mit Pflanzen zu befestigen. Seit Beginn der neunziger Jahre werden unter seiner Regie jährlich drei bis vier Millionen Baumsetzlinge gepflanzt. Und dennoch ist nicht sicher, ob es inzwischen gelungen ist, wenigstens das weitere Fortschreiten der Verwüstung Islands – zumindest zeitweise – zu beenden.

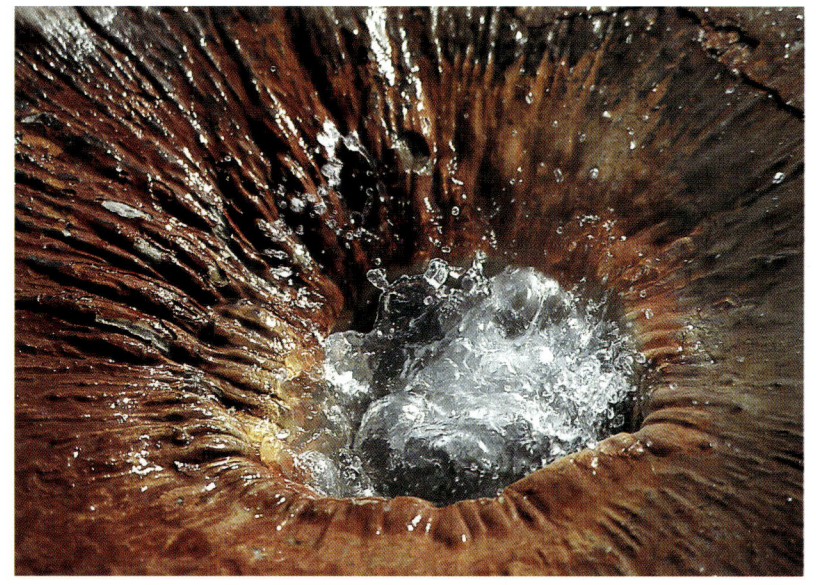

Reisende, die wenig vom dramatischen Ausmaß, den Ursachen und Zusammenhängen dieser im Grunde zerstörten Landschaft wissen, sind oft einfach fasziniert von ihrem großen ästhetischen Reiz und den Stimmungen, die er auslöst.

Öde Leere, geliebtes Land

Kein anderes Reiseland in Europa, das ich kenne, wirft den Besucher so stark auf sich selbst zurück wie Island. Allein und verloren in dieser grandiosen Leere mit ihren überwältigend weiten Horizonten ohne Regung und Laut oder mit ihren schroffen Bergen, tobenden Wasserfällen, heulenden Sand- oder Schneestürmen erlebt man sich unvermittelt aus den gewohnten Größenverhältnissen und Dimensionen geschleudert und findet sich als das sprichwörtliche Sandkorn in der Wüste wieder, das seine Position in der Welt neu finden und bestimmen muß.

Wer sich darauf nicht einlassen kann, muß fast zwangsläufig heftige Abwehrreaktionen entwickeln, wie die ausländische Schriftstellerin, die zu einigen Lesungen nach Island eingeladen war und bei einem Ausflug außerhalb der Stadt wie festgenagelt auf der Rückbank des Autos saß, nirgends aussteigen wollte und immer wieder nur murmelte: «Oh Gott, wie können Menschen hier leben wollen.»

Links oben und unten, rechts oben: Die Farbenvielfalt der heißen Quellen oder Schlammpfuhle und ihrer unmittelbaren Umgebung geht auf die unterschiedlichen, im Wasser gelösten Mineralien zurück. So entsteht rötliche Färbung durch Eisen, bläuliche durch fein verteilte Kieselsäureteilchen und gelbliche durch die Einwirkung von Schwefel.

Rechts unten: Eindrucksvoll leuchtet das glühende Gestein des Vulkans Krafla in der Dämmerung.

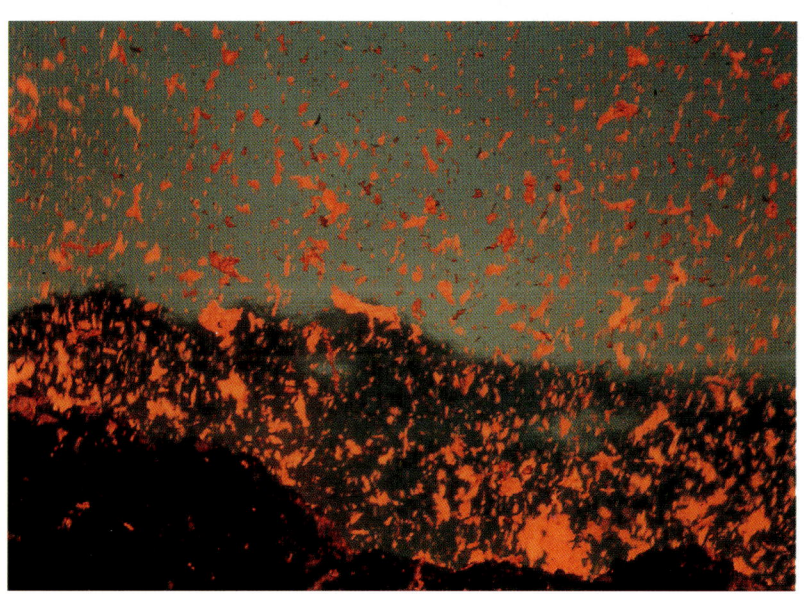

Für die meisten Isländer auf dem Land ist dies wohl keine Frage des Wollens. Die leere Weite, die sie umgibt, ist ein tief in sie eingedrungener, selbstverständlicher Teil ihrer Kindheitseindrücke, den sie mit eigenen Erlebnissen und Erzählungen von Ereignissen angefüllt haben. So unbezähmbar rauh und menschlichem Treiben gegenüber gleichgültig sich die Natur in Island auch gibt, so ist sie in tausend Jahren der Besiedelung unter ihrer kargen Oberfläche doch mit Geschichte und Geschichten geradezu durchtränkt worden.

«Eine Reise nach Island ist die Wallfahrt zu einer Literatur», schrieb der dänische Schriftsteller Poul Vad, als er 1993 selbst eine solche Wallfahrt unternahm, und kein anderer als der für Island und Literatur nun wirklich zuständige Halldór Laxness hat den isländischen Blick auf die Landschaft einmal so beschrieben: «Dem Isländer, in welche Richtung er auch sieht, bedeutet Island eine ununterbrochene Landschaft der Saga: Jedes Bergtal, die Berge mit ihren Pässen, die Flüsse, die Lavafelder und Sande, sogar das Moor und die Heide, die Fjorde mit

Von der Südküste der Snæfellsnes-Halbinsel geht der Blick über eine weite Ebene bis zum schneebedeckten Gipfel des majestätischen Snæfellsjökull.

Der Reisende, dem alles unvertraut und fremd vorkommt, wird kaum irgendwo sichtbare Überreste davon erblicken. Es gibt sie auch nicht. Die Grassodenwände der ehemaligen Höfe sind längst wieder mit dem Untergrund verwachsen, aus dem sie, vielleicht vor Jahrhunderten, einmal mühsam gestochen wurden. Das alte Holz ist verwittert oder in neue Häuser eingebaut. Die Zeugnisse, die jene Natur allmählich entgegen allem Aussehen doch in eine Kulturlandschaft umwandelten, sind hingegen in einer Kunstgattung aufbewahrt, die sich nur in Island herausgebildet hat, in den Sagas.

ihren Inselchen nicht zu vergessen: alles ist mit der Saga verbunden, man bewegt sich im Sagaraum, das ganze Land bebt von der literarischen Überlieferung. Nach einem tausendjährigen Zusammenleben mit epischen Menschen ist die ganze Landschaft von Literatur durchdrungen.»

Das Benennen noch jedes auffälligen Steines, seine Einbindung in eine Geschichte, kurz: Literatur, Sprache – das waren die Mittel, mit denen die Isländer diese überwältigende Landschaft verarbeiteten. Nahezu jeder Ortsname ist ein sprechender Name, der in anderen Sprachen übersetzt werden müßte.

In ihren ausführlichen Prosageschichten, die in der mittelalterlichen Literatur Europas so einzigartig dastehen, berichteten die Isländer nicht nur von den Landnehmern. Sie erzählten das Land selbst. Sie durchquerten es unablässig Jahr für Jahr auf ihren wochenlangen Ritten zum Althing bei Þingvellir. Auf ihren kleinen, ausdauernden Pferden waren sie ebenso unermüdliche Reisende wie die Ureinwohner Australiens. Und wie diese auf ihren Buschwanderungen den Kontinent entlang ihrer «Songlines» durchmaßen, erzählten die Isländer ihre Insel.

Einschlägig ist hier wieder die «Laxdæla saga» (siehe Seite 40): Nach dem Tod ihres Vaters Ketil Flachnase und ihres Sohnes Þorsteinn verließ Unnur die Tiefäugige Schottland und segelte zu ihren Brüdern nach Island ... «Im Frühling fuhr sie über den Breitfjord und kam zu einer Landspitze, auf der sie mit ihren Begleitern das Tagmahl einnahm. Dort heißt es seitdem Tagmahlkap. Es ragt von den Zwischenbergsstränden vor. Dann ließ sie ihr Schiff in den Kesselfjord rudern und kam zu einem weiteren Kap, wo sie sich eine Zeitlang aufhielt. Dort verlor Unnur ihren Kamm, und es heißt da seitdem Kammkap ...»

Womöglich gibt es jedoch keine Saga-Episode, die mehr die Verbundenheit der ersten Isländer mit diesem neubesiedelten Land zeigt und die den heutigen Isländern geläufiger ist, als die vom Ende Gunnars von Hlíðarendi in der «Njáls saga».

Nach zahlreichen Händeln, die bald gewaltsam mit Überfällen und sogar Totschlägen ausgetragen wurden, gelang es der Überzahl seiner Feinde, Gunnar auf dem Althing für drei Jahre des Landes verweisen zu lassen. Sollte er sich für diese Zeit nicht außer Landes begeben, wurde er für vogelfrei erklärt und durfte von jedermann straffrei erschlagen werden. Sein Freund Njáll überredete Gunnar mit viel Mühe zu einer Wikingfahrt ins Ausland, und Gunnar ließ schließlich die notwendigen Habseligkeiten für sich und seinen Bruder auf ein Schiff bringen. Am Morgen des nächsten Tages ritten sie in aller Frühe los und gelangten an den Fluß Markarfljót. «Dort strauchelte Gunnars Pferd, und er wurde aus dem Sattel geschleudert. Als er sich aufraffte, fiel sein Blick auf die umstehenden Berghänge und seinen Hof Hlíðarendi und er sagte: ‹Schön sind die Hänge, so, daß sie mir niemals gleich schön vorkamen. Helle Felder und gemähte Hauswiesen. Ich werde nach Hause reiten und nirgendwo anders hinfahren.›»

Auch wenn ein gewöhnlicher Sterblicher nicht gleich sein Leben dafür geben wird – es gibt sie, die Augenblicke, derentwegen man bleiben möchte, in Island. Es müssen gar nicht einmal die gewaltigen Naturereignisse sein, die einen fesseln. Zuweilen mag es die sprühende, knisternde Farbenpracht sein, mit der ein weit ausgreifendes Nordlicht in atemloser Stille und anmutiger Leichtigkeit kilometerhoch über den Nachthimmel weht. Manchmal ist es vielleicht auch nur die Klarheit eines frühen Herbstmorgens, wenn die Sonne den silbrigen Reif von den Gräsern trocknet und eine Welle erdigen Dufts von feuchtem Moos und arktischem Wildthymian aufsteigen läßt.

Die hierzulande wohl bekanntesten isländischen Autoren: Der Jesuitenpater und Jugendbuchautor Jón Sveinsson (1857–1944; links) wurde als «Nonni», der seine Kindheitserlebnisse in Island schildert, weltberühmt; der 1955 mit dem Literaturnobelpreis ausgezeichnete Halldór Kiljan Laxness (geboren 1902; rechts) hat in seinen Romanen vor allem das Leben des isländischen Volkes in Geschichte und Gegenwart verarbeitet (siehe auch Seite 141 f.).

DER WESTEN

Und hinaus gingen wir… hinaus in den Frühling. Und wir fühlten die kühle Brise um uns herumspielen; denn wir waren in Island. Kinder sind voller frischer, ungestümer Lebenskraft, wenn sie entdecken, daß die Welt stundenlang draußen genauso wie drinnen ist. Sie können stundenlang draußen bleiben, ohne hineingehen zu wollen. Und wenn sie hineinkommen, wollen sie wieder hinausgehen … Ich hielt das Kind an der Hand … er trägt Handschuhe an beiden Händen. Ich aber trage im Frühling keine Handschuhe.

Jón Óskar, 1952

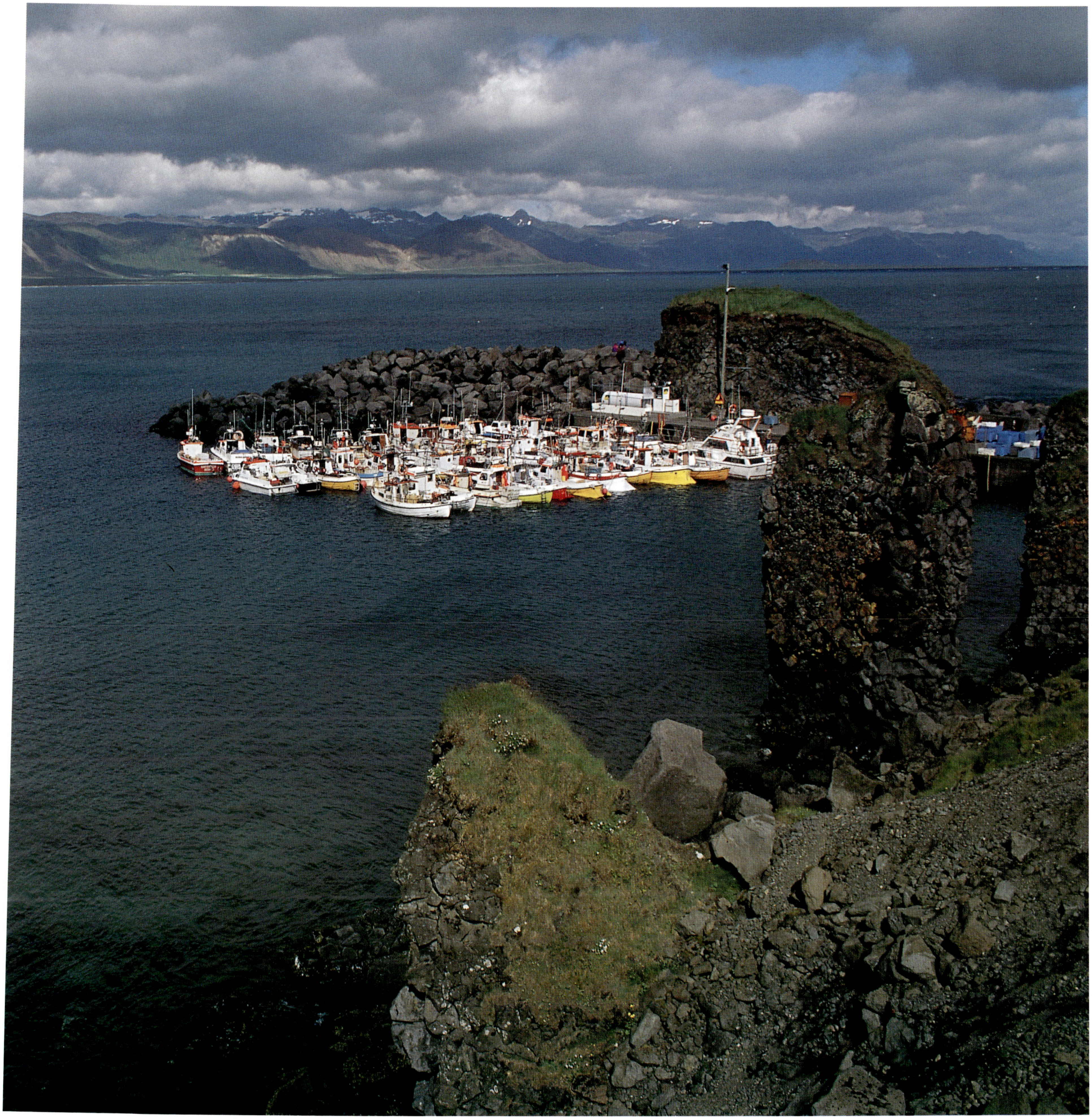

◁ SNÆFELLSNES In Stykkishólmur (links). – Das kleine Fischerdorf Arnarstapi an der Südküste der Snæfellsnes-Halbinsel (rechts) ist für die bizarren Felsformationen und den Vogelreichtum seiner Umgebung bekannt. Hier der Hafen.

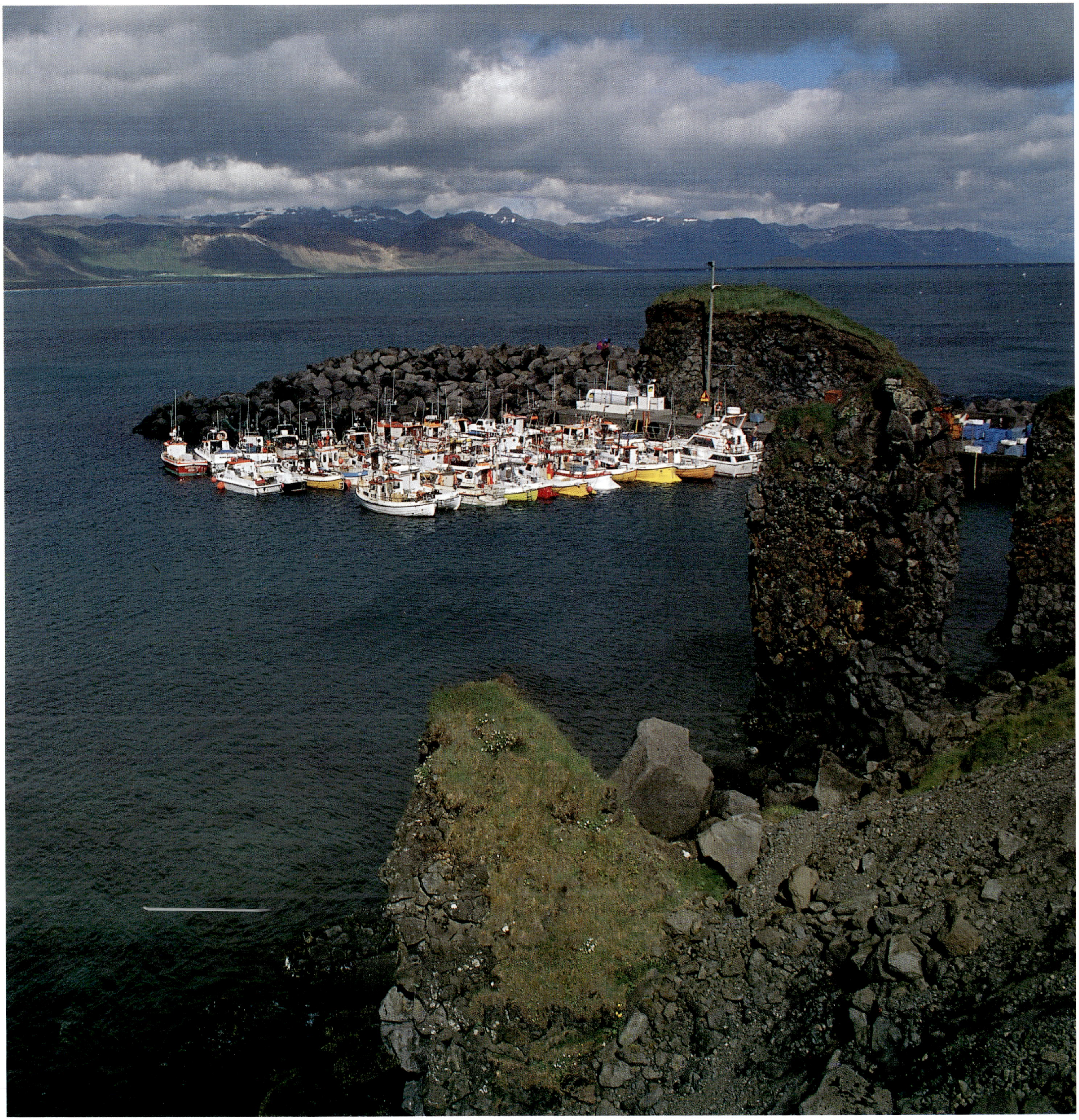

◁ SNÆFELLSNES In Stykkishólmur (links). – Das kleine Fischerdorf Arnarstapi an der Südküste der Snæfellsnes-Halbinsel (rechts) ist für die bizarren Felsformationen und den Vogelreichtum seiner Umgebung bekannt. Hier der Hafen.

SNÆFELLSJÖKULL *Vom kleinen Ort Rif an der Nordküste der Snæfellsnes-Halbinsel blickt man auf die majestätische Eiskuppe des berühmten Snæfellsjökull, die eine Höhe von 1446 Metern erreicht. Sie ist bei klarem Wetter sogar noch von Reykjavík aus zu sehen.*

INTENSIVER WIND *Vor allem durch den starken Wind kann sich das Wetter auf Island sehr schnell ändern. Reißt, wie hier, urplötzlich die Wolkendecke auf, bietet sich durch die extremen Lichtverhältnisse ein dramatisches Bild.*

EXTREMES LICHT *Die klare und saubere Luft Islands läßt die Farben der Natur besonders kräftig und hell erscheinen. Nur wenige Sekunden lang beleuchtet die Sonne einen schmalen Landstreifen und läßt diese Ansiedlung in der Nähe von Borgarnes irreal wie auf einer Theaterbühne wirken.*

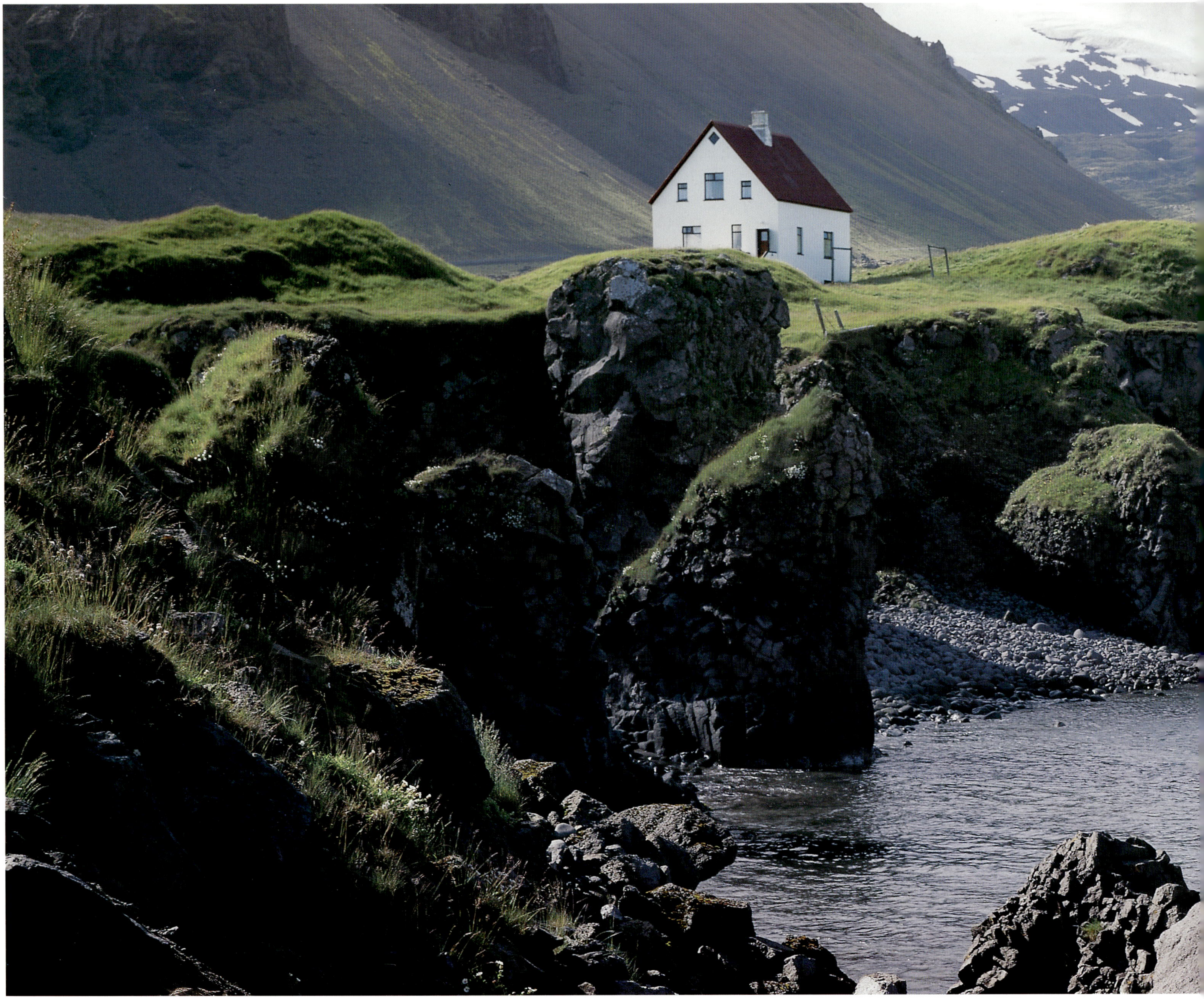

ARNARSTAPI *Die steilen Felsen an der Südküste der Snæfellsnes-Halbinsel in der Nähe des kleinen Hafenorts Arnarstapi wurden wegen der riesigen Kolonien dort brütender Seevögel im Jahr 1988 zum Naturschutzgebiet erklärt.*

BOLUNGARVÍK *Das volkskundliche Museum von Bolungarvík zeugt vom entbehrungsreichen Leben der früheren Bewohner der Westfjorde. Links im Bild zum Trocknen aufgespannte Fischhaut.*

TROCKENFISCH   *Der Fisch, das Hauptnahrungsmittel in der Region Westfjorde, wurde für den Wintervorrat in Salz eingelegt und luftdurchlässig und kühl in Säcken gelagert. Im Museum des Hafenorts Bolungarvík.*

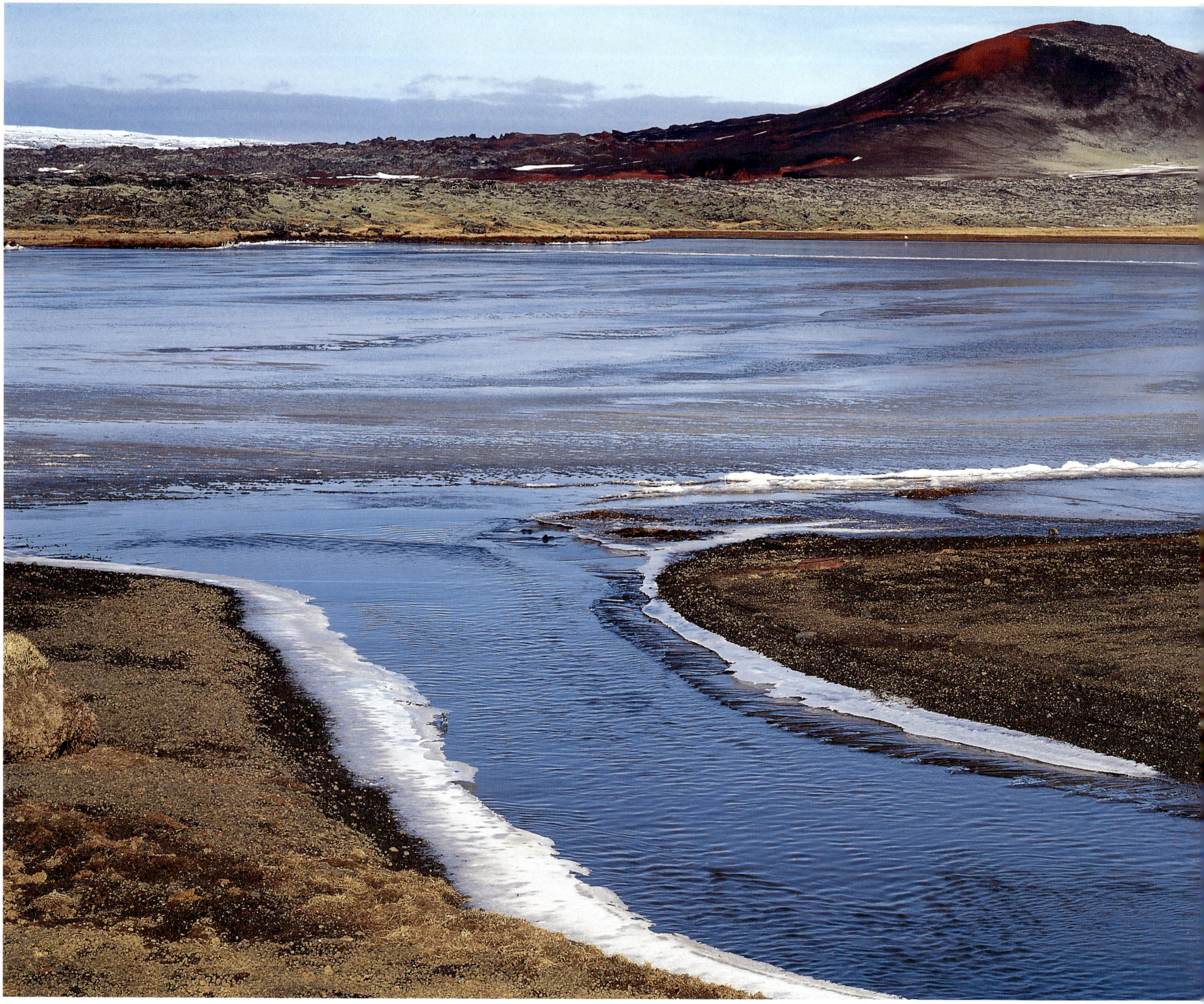

WASSERREICHTUM *Frühjahr im Hnappadalur. Islands Westen zwischen Borgarnes und der Halbinsel Snæfellsnes ist ein weitgehend von Mooren und Seen bedecktes Gebiet. Dort, wo es entwässert wurde, wird es überwiegend von Wiesen und Weidelandschaften geprägt.*

BEI BOLUNGARVÍK   *In besonderer Abgeschiedenheit liegen die winzigen Ortschaften im Nordwesten Islands, die meist nur aus wenigen verstreuten Häusern und einer kleinen Kirche bestehen.*

In den dunklen Wintermonaten läßt sich das großartige Naturschauspiel des Nordlichts am besten beobachten, das auf eine komplizierte Abfolge astro- und geophysikalischer Vorgänge zurückgeht.

NORDLICHT ▷

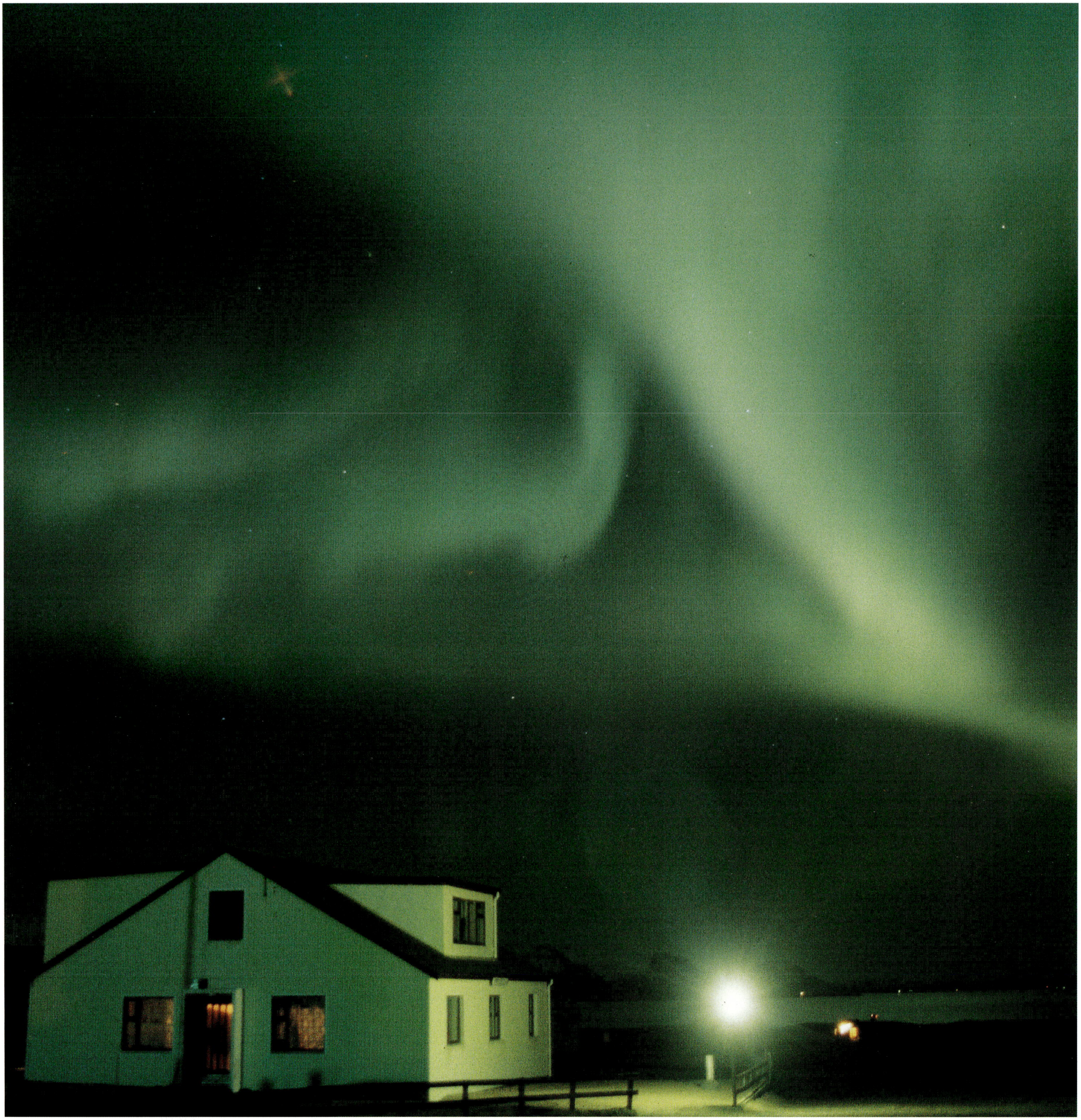

Karl-Ludwig Wetzig

GEOGRAPHIE · GESCHICHTE · KULTUR
Ein Glossar

Geographie

Island ist eine Insel. Mit rund 103 000 Quadratkilometern ist es etwa so groß wie Ungarn, Kuba oder die ehemalige DDR, aber weit draußen im Nordatlantik zwischen dem 63. und 67. Breitengrad gelegen. Der dadurch vorgegebene tiefe Sonnenstand führt zu starken jahreszeitlichen Helligkeitsschwankungen. Während es im Dezember und Januar nur wenige Stunden am Tag wirklich hell werden kann, läßt sich im Juni/Juli von der Nordküste aus die Mitternachtssonne beobachten. Am nächsten kommen Island die Ostküste Grönlands in knapp 290 und die Färöer in 430 Kilometer Entfernung. Bis nach Schottland sind es schon fast 800 und bis zur Westküste Norwegens bald 1000 Kilometer. Die Gletscherabtragungen der Eiszeit und die heftige Brandung des offenen Ozeans haben die Küste mit Buchten und Felsentoren, über 500 Meter hohen Steilkliffs und tiefeingeschnittenen Fjorden einerseits stark zerklüftet und andernorts weite Schwemmsandebenen vorgelagert. Bei einer größten Längenausdehnung der Insel von 500 Kilometern beträgt die gesamte Küstenlinie rund 6000 Kilometer.

Tektonik Die Entstehung dieser vom Kontinent abgelegenen Insel erklärt noch immer am besten Alfred Wegeners Theorie der Plattentektonik von 1912. Sie besagt vereinfacht, daß die gesamte Erdkruste aus einzelnen Platten besteht, die wie große Schollen auf dem glutflüssigen Erdinnern treiben. An den Rändern dieser Kontinentalschollen bilden sich Risse, in denen Magma aus dem Erdmantel nach oben quillt und die Platten auseinanderschiebt. Die gewaltigste Bruchzone auf unserem Planeten ist der Mittelatlantische Rücken mit einer Gesamtlänge von etwa 15 000 Kilometern, der die europäische und die afrikanische Kontinentalscholle von den amerikanischen trennt. Zu Beginn des Tertiärs vor etwa siebzig Millionen Jahren begann er sich mit unterseeischen Lavaausbrüchen wie eine gigantische Schweißnaht längs über den Globus zu ziehen.

Unabhängig von solchen Bruchstellen gibt es im Erdmantel Hunderte von Kilometern in die Tiefe reichende ortsfeste Magmaströmungen, in denen geschmolzenes Mantelgestein zur Erdkruste aufsteigt. Die dünne Krustenzone über einer solchen Aufwärtsströmung nennt man unter Geologen einen *hot spot*. Vor rund zwanzig Millionen Jahren glitt die Bruchzone des Mittelatlantischen Rückens mit der allgemeinen Nordwestdrift der Kontinente allmählich über einen solchen *hot spot* im Nordatlantik. Diese wohl einzigartige Konstellation ließ so viel Magma aus dem Erdinnern an die Oberfläche treten, daß es einen Sockel von etwa 200 000 Quadratkilometer Grundfläche anschüttete, auf dem sich vor etwa 15 Millionen Jahren die größte Insel der Erde auf einem langgezogenen ozeanischen Rücken zu erheben begann. Island ist erdgeschichtlich betrachtet also ein sehr junges, noch immer im Werden begriffenes Land.

Vulkanismus Das Zusammentreffen eines kontinentalen Grabensystems mit einem *hot spot* erklärt die Vielzahl und auch die Vielfalt der vulkanischen Erscheinungen Islands. Im langjährigen Mittel ereignet sich alle vier bis fünf Jahre irgendwo auf der Insel ein Ausbruch. In historischer Zeit, also seit der Besiedlung vor 1100 Jahren, wurden in über 250 bekannt gewordenen Eruptionen mehr als 40 Kubikkilometer Lava gefördert, ein Drittel der gesamten Weltproduktion.

Bislang hat man 32 aktive Vulkansysteme identifiziert, die jeweils aus einem Schwarm von Spalten und einem Vulkanzentrum bestehen. An den dünnsten Stellen der von Südsüdwest nach Nordnordost quer über die Insel verlaufenden Riftzone des Mittelatlantischen Rückens, wo das Dach gewaltiger Magmareservoire in nur ein bis drei Kilometer Tiefe liegt, neigen diese Systeme dazu, Spaltenvulkane oder Gebirgsmassive mit sogenannten Calderen, Kraterkesseln, zu bilden. Die berüchtigtste Vertreterin der in Island am häufigsten vorkommenden Spaltenvulkane ist die aus 130 Einzelkratern zusammengesetzte, 24 Kilometer lange Laki-Spalte, die sich bei dem verheerenden Vulkanausbruch im Jahr 1783 öffnete.

Zentralvulkane bauen sich hingegen über einen längeren Zeitraum hinweg auf. Entleert sich ihre unterirdische Magmakammer in einem größeren Ausbruch, kann ein Teil ihres Massivs kreisförmig einbrechen und eine oder mehrere Calderen bilden. Die Askja im zentralen Hochland ist ein solches Massiv. Ihre beiden jetzt wassergefüllten Calderen Öskjuvatn und Víti entstanden 1875 nach einem heftigen

Das Krafla-Gebiet nördlich des Mývatn ist eine der aktivsten Vulkanzonen der Welt. 1975 und 1984 verzeichnete man die letzten größeren Ausbrüche, doch immer noch kocht und brodelt hier an vielen Stellen die Erde.

Am Gígjökull, einer Gletscherzunge des Eyjafjallajökull im Süden der Insel. Viele Hochlandpisten lassen sich nur mit allradgetriebenen Fahrzeugen bewältigen.

Ausbruch. Viele andere solcher Einbruchskrater verbergen sich unter dem Eis der Gletscher, wie etwa die besonders aktiven Grímsvötn im Vatnajökull. Sie brachen in den vergangenen Jahrhunderten regelmäßig alle zehn bis zwanzig Jahre aus. Dabei verwandelten sie den auf ihnen lastenden Eispanzer zu Schmelzwasser und ließen verheerende Gletscherläufe zu Tal schießen.

Eine Erscheinungsform, die man sonst auf der Welt eher mit der Vorstellung von Vulkanismus verbindet, der große Stratovulkan, findet sich in Island überwiegend an den Flanken der Riftzone und hat dort ebenfalls sehr eindrucksvolle Exemplare hervorgebracht: etwa den Snæfellsjökull im Westen (1446 m) und auch den Snæfell im Osten (1833 m), die beide als mittlerweile erloschen gelten.

Obwohl sie auch gewaltige Dimensionen erreichen können, entstehen Schildvulkane im Gegensatz zu den bisher genannten Typen bei nur einem einzigen Ausbruch, der allerdings jahrelang andauern und Unmengen gasarmer, dünnflüssiger Fladenlava fördern kann. Auf einer gewaltigen Basis bilden sie regelmäßige Kegel mit einer Neigung von weniger als acht Grad, wie der Skjaldbreiður, der die Ebene von Þingvellir beherrscht.

Andere in Island vorkommende Vulkanformen, die sich jeweils kurzen, aber heftigen Einzelausbrüchen verdanken, sind Maare und Pseudokrater, Lava- und Aschenringwälle. Nach wie vor ereignen sich auch unterseeische Vulkanausbrüche vor den Küsten. Der bekannteste von ihnen führte 1963 zur Entstehung der Insel Surtsey.

Erdwärme Seine geographische Lage hat Island nicht nur aktiven Vulkanismus mit unberechenbaren Katastrophen «beschert». Aus einigen seiner Folgeerscheinungen ziehen die Menschen auf der Insel auch ihren Nutzen.

Oben: In den Kerlingarfjöll. Die berühmte Kjölur-Route durch das zentrale Hochland passiert auch dieses bis zum südlichen Gletscherrand des Hofsjökull reichende Gebirgsmassiv. Mit seinen vielen heißen Quellen, Fumarolen und Solfataren ist es eine beliebte Wanderregion, daneben aber auch das einzige Sommerskigebiet Islands.

Unten: Immer wieder stößt der Wanderer in Island auf bizarre Felsengebilde, an denen die unterschiedlichen Erscheinungsformen erstarrter Lava deutlich werden.

Außerhalb der aktiven Vulkanzone tritt in 250 bekannten Niedrigtemperaturgebieten heißes Wasser aus Geysiren, Quellen, Bächen oder Bohrlöchern zutage. Hinzu kommen noch einmal 32 Hochtemperaturgebiete innerhalb der vulkanisch aktiven Zone, die an der Oberfläche meist durch gewaltige Dampffontänen, Solfataren oder kochende Schlammtöpfe erkennbar sind. Saurer Dampf oder Wasser zersetzen dort das umliegende Gestein und lösen seine chemischen Verbindungen. Durch anschließende Ausfällungen von gelbem Schwefel, weißem Gips oder Kieselsinter, roten Eisenoxyden und grauen Eisensulfiden ist der Boden in solchen Hochtemperaturfeldern oft buntscheckig gefärbt. Die nutzbare Energie in all diesen Geothermalfeldern wird auf insgesamt rund zehn Milliarden Gigawattstunden geschätzt. Das ist drei Millionen mal mehr als in Island pro Jahr an Strom verbraucht wird.

Die Erschließung von Hochtemperaturfeldern ist allerdings schwierig, technisch aufwendig und kann sehr kostspielig werden, wie das Experiment des geothermischen Kraftwerks über der Krafla gezeigt hat. Dort hatte man gerade eine erste Versuchsturbine aufgestellt, als 1975 die Eruptionen der «Krafla-Feuer» begannen und das Kraftwerk um ein Haar verschluckt hätten.

Wasser aus einem warmen Bach oder einer heißen Quelle abzuleiten, ist gegenüber solchen Installationen eine technisch seit langem lösbare Aufgabe. Viele isländische Orts- und Hofnamen belegen, daß man sich seit alters gern an solchen von der Natur bevorzugten Orten niederließ. Wo es warmes Wasser gab, baute man in unserem Jahrhundert beheizte Gewächshäuser und Freibäder. 1928 wurde in Reykjavík erstmals nach Warmwasser zur Gebäudeheizung gebohrt, und heute versorgen etwa dreißig Fernheizstationen 87 Prozent aller isländischen Haushalte mit dem billigen Warmwasser aus dem Untergrund.

Gletscher Das Feuer aus dem Innern der Erde lieferte das Baumaterial für die Entstehung Islands; die Gletscher der Eiszeit haben es Hand in Hand mit dem jüngeren Vulkanismus in seiner jetzigen Gestalt geformt.

Zwischen den ältesten Basaltlagen aus dem Tertiär hat man vor allem in den Westfjorden dünne, rotgefärbte Lateritböden und Braunkohlenflöze gefunden, in die Versteinerungen von unter anderem Weinrebe, Magnolie, Limonenbaum und sogar dem nordamerikanischen Mammutbaum eingebettet waren. Daraus läßt sich ersehen, daß offenbar wärmere klimati-

Unter den Tierliebhabern kommen in Island besonders Pferdefreunde und Ornithologen auf ihre Kosten. – 1 Die Papageitaucher brüten vor allem an der Westküste und auf den Westmännerinseln. 2 Die ersten Siedler brachten die Vorfahren der Islandpferde aus Norwegen und Schottland mit. 3 Auch die Tordalken bevölkern die Vogelfelsen der Steilküsten. 4 Der Polarfuchs ist das einzige Säugetier, das seinen Weg auf die Insel ohne den Menschen fand.

sche Bedingungen zu dieser Zeit auf Island eine sehr viel üppigere Flora gedeihen ließen als heute. In den Ablagerungen aus der Zeit von etwa zwölf bis sieben Millionen Jahren verschwanden die Laubblätter zugunsten von Nadelbaumfossilien; und noch einmal vier Millionen Jahre später waren an Bäumen nur noch buschartige Birken, Erlen und Weiden übrig. Die Eiszeiten des Pleistozäns standen vor der Tür. Während dieses, immer wieder von interglazialen Wärmeperioden unterbrochenen, Erdzeitalters lag Island zu 80 bis 90 Prozent unter einem bis zu 2000 Meter dicken Eispanzer. Wechselweises Vorrücken und Zurückweichen der Gletscher hobelte das Grundgebirge ab und grub tiefe, U-förmige Trogtäler hinein, die das Aussehen der heutigen Fjorde bestimmen. Messungen in unserer Zeit haben ergeben, daß der Geländeabtrag durch Gletscher erstaunlich hoch ist. Aus den Schlammengen, die Gletscherflüsse mit sich führen, hat man hochgerechnet, daß vom Untergrund des Vatnajökull jährlich bis zu fünf Millimeter abgetragen werden. Innerhalb von 100 000 Jahren kann ein Gletscher somit 500 Meter hohe Berge einebnen.

Vor rund 10 000 Jahren erwärmte sich das Klima, die Inlandeismasse schmolz bis auf kleine Reste in den Bergregionen zusammen. Schmelzwasserströme frästen erneut tiefe Schluchten und rissen Unmengen von Gestein und Schlamm mit sich. Befreit von dem ungeheuren Eisdruck, hob sich das Land. In den Bergwänden Südislands verläuft die ehemalige Strandlinie heute in 100 Meter Höhe.

Erst mit einer neuerlichen Abkühlung um 500 v. Chr. entstanden die heutigen Gletscher, die etwas mehr als ein Zehntel der Oberfläche Islands bedecken. Von ihnen ist allein der Vatnajökull mit 8300 Quadratkilometern fast so groß wie Korsika und größer als alle Festlandgletscher Europas zusammengerechnet.

Auf das Ende der vom 15. Jahrhundert bis etwa 1920 andauernden «Kleinen Eiszeit» reagierten die großen Inlandeisfelder mit etwa zwanzigjähriger Verzögerung. Es bleibt abzuwarten, wann die erste vom Menschen gemachte Klimaerwärmung die isländischen Gletscher spürbar ins Schwitzen bringen wird.

Klima

Wechselhaft ist das Klima in Island nicht nur über längere Zeiträume hinweg betrachtet. «Wenn Dir das Wetter nicht gefällt, warte eine halbe Stunde», ist ein oft gehörter Spruch, der sich im Alltag meist bestätigt. Island liegt genau auf der südlichen Treibeisgrenze. Eine kalte Meeresströmung, der Ostgrönlandstrom, führt das Eis zusammen mit arktischer Polarluft heran, und die kalten Luftmassen treffen hier auf mildere, die aus subtropischen Gegenden mit dem warmen Golfstrom herangeführt werden. Aufgrund dieser Lage geht es im Luftraum um und über Island nicht selten außerordentlich turbulent zu. Nach Feuerland gilt die Insel als die windigste Ecke der Welt, und nicht selten erreichen im Herbst und Winter Stürme der Stärke zwölf und darüber Windgeschwindigkeiten von mehr als 130 Stundenkilometern.

Im besiedelten Küstentiefland sorgt der Golfstrom für eine Jahresdurchschnittstemperatur von etwa vier Grad. Im zentralen Hochland herrschen hingegen subarktische Verhältnisse mit Durchschnittstemperaturen unter null Grad und Permafrost in tieferen Bodenschichten. Die jahreszeitlichen Temperaturunterschiede zwischen Winter und Sommer betragen durch den ausgleichenden Einfluß des Meeres nicht mehr als zehn bis zwölf Grad. So mildert der Golfstrom einerseits die winterliche Kälte, doch andererseits verhindert er einen echten Sommer. Nur selten wird es in Reykjavík einmal über 20 Grad warm.

Die südwestlichen Winde lassen es an der Südküste deutlich mehr regnen als im Norden. Die ergiebigsten Niederschläge von mehr als 5000 Millimetern pro Jahr fallen jedoch als Schnee auf die höheren Lagen der Gletscher. Am trockensten ist es in ihrem Niederschlagsschatten im nordöstlichen Hochland.

Pflanzen- und Tierwelt

Die so weithin von Erosion verwüstete Insel bietet nur einer relativ geringen Anzahl einheimischer höherer Pflanzen Lebensraum – es gibt knapp fünfhundert bekannte Arten. Von meist niedrigem Buschwald ist nur ein Prozent der Fläche bedeckt. Lediglich Moosbirken und kleinwüchsige Weidenarten kommen von Natur aus vor; höherwüchsige Arten wie Ebereschen und verschiedene Nadelbäume wurden erst später eingeführt und gedeihen nur an geschützten Stellen. Viel mehr als von den kleinen Waldungen wird das fruchtbare Tiefland von weiten Graslandschaften geprägt. Süßgräser, Binsen, Schachtelhalmgewächse und das charakteristische Wollgras bedecken die meisten Feuchtwiesen und die ausgedehnten Moore, die fast zehn Prozent der Landesfläche einnehmen. An Blütenpflanzen trifft man im Frühsommer besonders häufig auf

Die Leuchttürme auf den zahlreichen Landzungen der Westfjorde dienen auch als wichtige Wetterstationen für die Schiffahrt im Nordmeer.

Die relativ kleinen, aber zähen und geduldigen Islandpferde sind ideal an das Leben im rauhen Norden angepaßt. Sie werden heute noch reinrassig im Land gezüchtet und dienen als universell einsetzbare beliebte Nutz- und Freizeitpferde.

Im Gelände scheuen Islandpferde weder vor rauhem Boden, Steilhängen, noch vor reißenden Flüssen zurück. Es gibt im Gletschervorland der Südküste sogar wahre «Wasserpferde», die Flußfurten wittern und an tiefen Stellen sicher hinüberschwimmen. Mit Stollen erklimmen sie sogar Gletscher: Deshalb nahm der deutsche Forscher Alfred Wegener, Entdecker der Kontinentalverschiebung, Islandpferde zu einer Grönlandexpedition mit.

Mit einem Stockmaß von rund 135 Zentimetern wirken sie zwar nicht überragend, aber die zähen Tiere tragen auch schwere Reiter, wenn diese nur oft genug umsatteln. Dank ihres ausgeglichenen Charakters sind die «Isländer» zuverlässige Familienpferde. Sie leisten heute einen wichtigen, ständig wachsenden Beitrag zum Tourismus, angefangen mit stundenweisen Ausritten auf den «Islandferien»-Bauernhöfen bis hin zu traditionsverbundenen Hochlandexpeditionen, die zwei Wochen dauern können und von Packpferden und frei mitlaufenden Herden begleitet werden. Als gefragte Exportartikel beleben sie die Landwirtschaft: 1995 wurden fast 3000 Reitpferde vorwiegend ins übrige Europa exportiert. Dort leben inzwischen mehr als 35 000 Islandpferde; in Island selbst sind es über 70 000.

MUTIG WIE DIE WIKINGER: ISLANDPFERDE

Isländer sind begeisterte Reiter. Sie lieben ihre stämmigen, ausdauernden Pferde ebenso wie die Touristen, zu deren schönsten Ferienerlebnissen häufig ein Ritt durch die abwechslungsreiche Landschaft gehört.

Ausgesprochene Zuchtgebiete liegen im Inselnorden im Skagafjörður mit dem Staatsgestüt Hólar und um den Fjord Eyjafjörður, sowie im Südosten bei Höfn und in Südisland allgemein.

Im Tal Viðidalur am Stadtrand von Reykjavík befindet sich ein komplettes Stalldorf, in dem im Winter Hunderte von Pferden stehen.

Islandpferde leben meist im freien Herdenverband, und im Sommer grasen die Stuten mit ihren Fohlen wie zur Landnahmezeit bis zum herbstlichen Pferdeabtrieb im unbewohnten Hochland. Im Winter wächst ihnen ein dichtes, langhaariges Fell.

Der Hauptvorzug des mit den Wikingern eingewanderten und seitdem nahezu reinrassig gezüchteten Islandpferds sind seine fünf Gangarten: Neben Schritt, Trab und Galopp beherrscht es den rasanten Rennpaß sowie den bequem und weich zu sitzenden Viertakt-Gang Tölt, dem Islandpferde ihren Ruhm verdanken. Unter dem Sattel reagieren sie auf Gewichts- und Zügelhilfen sowie auf die antreibenden Hacken des Reiters, weshalb, wer klassisch – oder auch ängstlich! – die Beine an den Pferdebauch legt, sein Reittier ungewollt antreibt. Hier ist also Vorsicht geboten.

Die Islandpferde-Freunde aus ganz Europa treffen sich gern zu Turnieren. Das glanzvollste und größte seiner Art mit über 10 000 Besuchern heißt *Landsmót* und findet in Island statt, ab 1997 im Zwei-Jahres-Turnus. Hier werden die Beherrschung der Gangarten und die herausragenden Ergebnisse von Zuchtarbeit und Dressur präsentiert, wobei die Fünfgang-Prüfung die wichtigste und beeindruckendste Disziplin bildet. Darüber hinaus werden abwechselnd in den Mitgliedsstaaten des Dachverbands der Islandpferde-Landesverbände, der FEIF (Föderation Europäischer Islandpferde-Freunde), die Weltmeisterschaften des Islandpferds ausgetragen.

Bei aller antrainierten Turniereleganz sind Islandpferde jedoch bis heute wahre «Naturburschen» geblieben.

Gudrun M. H. Kloes

gelben Hahnenfuß und Löwenzahn, blaulila Waldstorchschnabel und Schnee-Enzian sowie, vor allem an Bach- und Teichufern, die gelblichgrün blühende Engelwurz und das arktische Weidenröschen. Auf trockeneren Böden und in höheren Lagen unterhalb 400 Meter Höhe überwiegen Zwergsträucher und Heidepflanzen wie Heidekraut, Krähen- und Blaubeere, oft durchsetzt mit Isländisch Moos, das von alters her als gesunde Bereicherung des Speisezettels gesammelt wird. In den Stein- und Kieswüsten des Hochlands entfaltet sich der eigentliche Artenreichtum der 560 Moos- und 450 Flechtenarten Islands.

Unter Tierbeobachtern ist Island beinahe ausschließlich eine Domäne der Ornithologen. An wildlebenden Landsäugetieren kommen nur der schon vor dem Menschen eingewanderte Polarfuchs sowie ausgewilderte Nerze und eine im 19. Jahrhundert mühsam eingewöhnte Rentierherde auf den Hochheiden des Ostlands vor. Je nach Strenge der Zählweise wurden 227 bis 283 regelmäßig Island besuchende Vogelarten registriert, von denen heute 68 Arten als Brutvögel angesehen werden. Auch das ist keine überwältigende Vielfalt; dennoch prägen Vögel vielerorts das Landschaftsbild der Insel. Das gilt besonders für die Küsten, an denen sich im Sommer Seevögel in Millionen von Exemplaren aufhalten. In unzugänglichen Steilkliffs bilden sie nach Nistgewohnheiten und Flugfähigkeiten in Stockwerke aufgeteilte «Wohngemeinschaften».

Am Flutsaum solcher Vogelberge hüpfen auf roten Füßen Gryllteisten zwischen Kormoranen oder Krähenscharben einher. Darüber leben die kinderreichen Dreizehenmöwen und in den höheren Stockwerken die Alken. Zahlreich und lebendig sind die «kleinen arktischen Brüderlein» (Fratercula arctica) oder Papageitaucher, von denen sich mehrere Millionen Brutpaare auf Island jährlich ihre Nisthöhlen in die von Erdreich bedeckten Gipfelplateaus der Vogelberge graben.

Nach den Seevögeln bilden die Watvögel die zweite große Artenfamilie der isländischen Tierwelt. Besonders der langgezogene Triller des Regenbrachvogels und der wehmütige Flötton des Goldregenpfeifers sind charakteristisch für die moorigen Gras- und Heideflächen des Binnenlands. Meist im Winter trifft man auf das ansonsten scheue Alpenschneehuhn, das außer für ein traditionelles isländisches Weihnachtsessen auch dem Gerfalken als Beute dient. Wegen seiner Größe – er weist eine Spannweite bis zu 1,6 Metern auf – und seiner beeindruckenden Flug- und Jagdkünste ist der isländische Gerfalke schon seit dem Mittelalter der geschätzteste aller Beizvögel und ein erlesenes Geschenk für Monarchen gewesen. Diese zweifelhafte Wertschätzung brachte ihn in unseren Tagen bis an die Grenze zur Ausrottung. Heute steht der Vogel unter strengstem Schutz, und während der Brutzeit werden die Horste rund um die Uhr von Vogelschützern bewacht.

Staatsform

Erst seit 1944 ist Island eine unabhängige, parlamentarische Republik: Lýðveldið Ísland. Da sich die Besiedler der Insel jedoch schon seit dem Jahr 930 alljährlich zu einer gesetzgebenden und rechtsprechenden Versammlung aller rechtsfähigen Männer, dem Althing auf der Ebene von Þingvellir, zusammenfanden, erhebt das isländische Parlament heute den Anspruch, die älteste parlamentarische Institution der Welt zu sein. Seit 1984 verfügt es über 63 Sitze, um die sich alle vier Jahre Kandidaten aus meist sechs Parteien in acht Wahlkreisen bewerben. Noch nie konnte bislang eine Partei allein die Mehrheit im Althing gewinnen. Daher bildeten stets Koalitionen, meist unter Beteiligung der konservativen Unabhängigkeitspartei, die Regierungsmehrheit, die jeweils den Ministerpräsidenten stellt. Eine Besonderheit der isländischen Parteienlandschaft liegt darin, daß seit den Wahlen von 1983 eine eigene Frauenpartei im Parlament vertreten ist. Drei Jahre zuvor wählten die Isländerinnen und Isländer auch erstmals in der westlichen

Links und rechts unten: In den Lavawüsten gedeihen anspruchslose Polsterpflanzen.

Rechts oben: Sogenannte Hexenkreise entstehen durch bestimmte Pilzsporen, die sich kreisförmig ausbreiten.

Welt eine Frau in das höchste Staatsamt eines Präsidenten der Republik. Vigdís Finnbogadóttir wurde dreimal wiedergewählt und blieb bis zu ihrem Verzicht auf eine fünfte Kandidatur im Jahr 1996 im Amt. Ihr Nachfolger ist der langjährige Chef der sozialistischen Partei, Ólafur Ragnar Grímsson.

Wirtschaft

Seit dem Ausgang des Mittelalters waren die Isländer jahrhundertelang ein so armes Volk, daß das wenige, was sie erwirtschafteten, kaum zur Eigenversorgung ausreichte. Europäische Reisende berichteten noch bis ins 19. Jahrhundert hinein, das tägliche «Brot» der Bevölkerung bestünde ganze Winter hindurch lediglich aus eingesalzenem Hartfisch. Nur ein Fünftel der Landfläche läßt sich überhaupt landwirtschaftlich nutzen, der weit überwiegende Teil davon lediglich als karge Weide für anspruchslose Schafe. Wann immer die Isländer darüber hinaus etwas für den Handel mit anderen Nationen zu produzieren suchten, schöpften sie dazu aus den scheinbar unbegrenzten Fischbeständen vor ihrer Haustür. Der Export von Fisch und Tran ist urkundlich erstmals für das Jahr 1340 belegt. Die Ausfuhr lag seitdem jedoch allein in den Händen ausländischer Kaufleute. Norweger begannen 1868 vor Island mit dem Heringsfang, den sie in den isländischen Ostfjorden anlandeten, einsalzten und von dort verschifften. 1907 war mit dem ersten dampfgetriebenen Trawler in Island ein neues Zeitalter angebrochen. Die Fangmengen erhöhten sich ständig und riefen in den ehedem verschlafenen Häfen eine regelrechte Verarbeitungsindustrie mit den entsprechenden Bevölkerungsverschiebungen ins Leben. Das «Große Heringsabenteuer» hatte begonnen. Die Fangmengen erreichten 1966 mit allein 700 000 Tonnen Hering einen Höchststand. Dann waren die Bestände erschöpft, die Heringsfischerei brach in sich zusammen und wurde 1972 für einige Jahre völlig verboten. An ihre Stelle trat die kleine Lodde, von der im Rekordjahr 1993 über 900 000 Tonnen zu Fischmehl verarbeitet wurden. Auch die Kabeljaubestände, aus denen damals jährlich etwa 400 000 Tonnen gefischt wurden, waren von Überfischung bedroht. Haushaltsdefizite und eine bis auf 130 Prozent ansteigende Inflation waren zwischenzeitlich die Folgen, und den eigenen Fischern mußten seitdem immer weiter beschränkte Fangquo-

Oben und rechts: Bilder aus Seyðisfjörður, einem Ort, der vom Tourismus, aber auch von der Fischverarbeitung lebt. Im Jahr 1920 waren rund 20 Prozent der Gesamtbevölkerung Islands in der Fischverarbeitung beschäftigt, heute ist es gerade noch die Hälfte davon.

Bevölkerung und Sprache

Nach Abschluß der Landnahmezeit um 930 sollen etwa 20 000 Menschen, die überwiegend aus Skandinavien, besonders Norwegen, und von den Britischen Inseln einwanderten, in Island gelebt haben. Eine nennenswerte Zuwanderung hat es seit dieser Epoche nicht mehr gegeben. Dennoch hatte sich die Bevölkerungszahl nach Auskunft der Quellen bis zum Jahr 1100 etwa vervierfacht. Durch Naturkatastrophen, Hunger und Krankheiten verloren in den folgenden Jahrhunderten so große Teile der Bevölkerung ihr Leben, daß erst um 1900 der alte Bevölkerungshöchststand des Mittelalters wieder erreicht, dann aber rasch überschritten wurde. Dennoch ist Island mit statistisch etwas über zwei Einwohnern pro Quadratkilometer noch immer das am dünnsten besiedelte Land Europas. Zudem leben inzwischen über 90 Prozent der Bevölkerung in größeren Ortschaften, so daß weite Gebiete besonders im Binnenland nahezu menschenleer sind. Insgesamt hat die Insel derzeit etwa 260 000 Einwohner. Ihre mittlere Lebenserwartung gehört mit 77 Jahren für Männer und über 80 Jahren für Frauen zu den höchsten in der Welt.

Die durch natürliche Gegebenheiten und politische Abhängigkeiten bedingte jahrhundertelange Isolation der Insel, die mit Stolz und Zähigkeit bewahrte größte kulturelle Errungenschaft ihrer Bewohner, ihr literarisches Erbe, sowie eine im 19. Jahrhundert begonnene «Sprachreinigung» von ausländischen Einflüssen führten dazu, daß Isländisch sich von den übrigen germanischen Sprachen zunehmend durch einen sprachgeschichtlich älteren Sprachstand unterscheidet.

Im Hafen von Húsavík, einem kleinen Ort im Norden der Insel. Immer noch beträgt der Anteil der Fischereiprodukte jährlich über 70 Prozent der Gesamtausfuhr des Landes.

ten auferlegt werden. Spätestens seit diesen trüben Erfahrungen bemühen sich isländische Regierungen, auch andere Wirtschaftszweige zu aktivieren, um nicht allein vom Fischfang abhängig zu sein. 1969 eröffnete ein Schweizer Konzern in Straumsvík vor den Toren Reykjavíks eine Aluminiumhütte, die mit einer Jahresproduktion von rund 90 000 Tonnen bis jetzt Islands größter Industriebetrieb geblieben ist. Das Land verdankt ihr zehn Prozent seines Exporterlöses. Daneben hat sich der Tourismus inzwischen zum dritten Aktivposten in der isländischen Handelsbilanz entwickelt. Kamen 1950 genau 4000 ausländische Besucher nach Island, so waren es 1993 157 000, der größte Teil von ihnen aus Deutschland.

Fortsetzung Seite 141

DER NORDEN

Es war der Tag der Herbstsuche, an dem die Schafe von den Bergweiden getrieben werden. Von zehn Höfen kamen die Leute zusammen. Die Arbeit ist nämlich genau eingeteilt … Wir durchstreiften Täler und Höhen, damit kein einziges Schaf dem Einfangen entging … Du solltest einmal sehen, wenn die Schafe in langen Reihen von den Bergen herabströmen … gegen Mittag waren wir wieder alle auf Magnús' Hof versammelt. Mehrere tausend Schafe blökten auf dem Tún und den ringsumliegenden Wiesen.

Sveinn Bergsveinsson, 1974

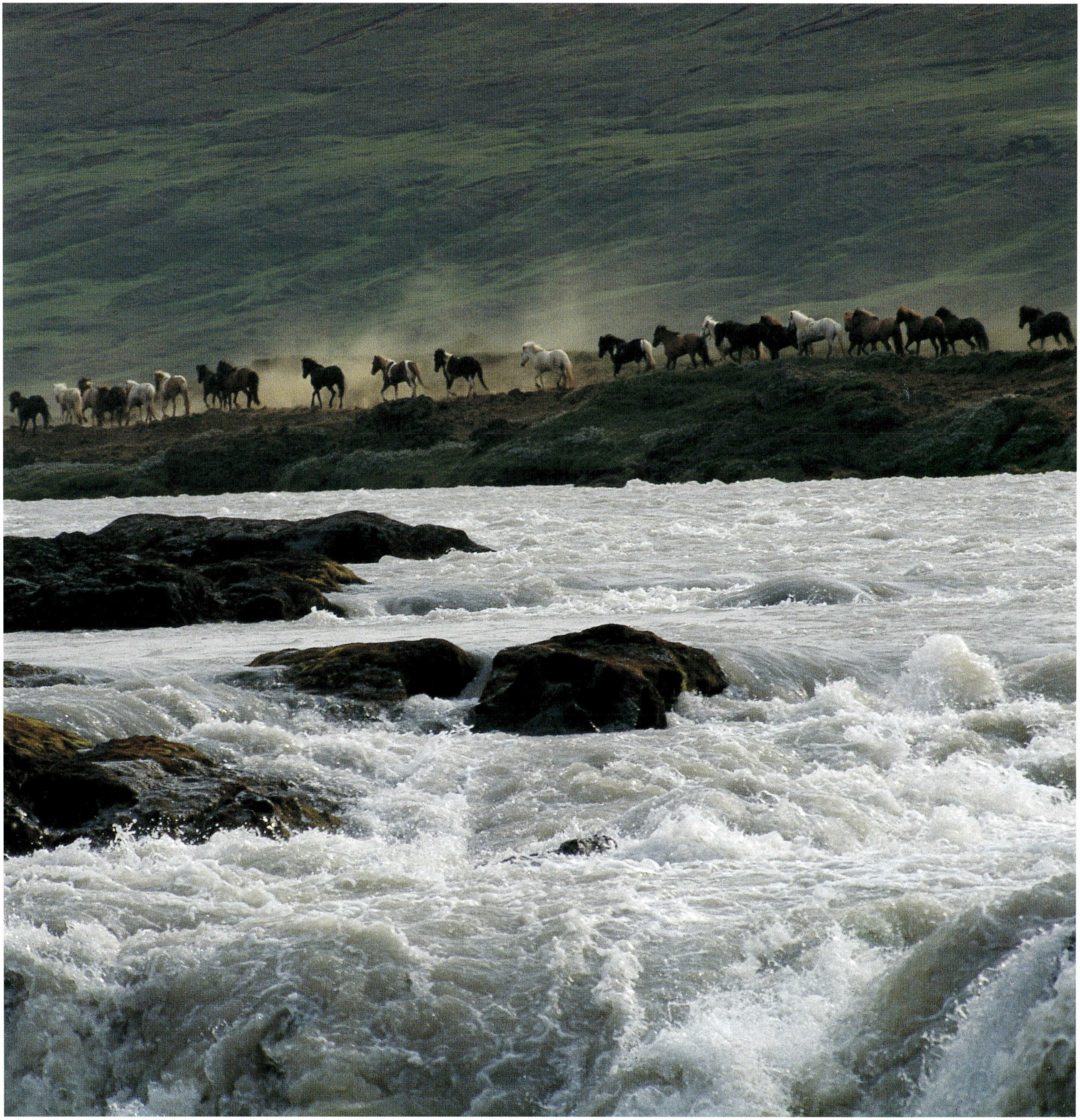

◁ SOMMER AUF DER WEIDE *Ein großes Ereignis im Herbst sind die «réttir», das Sortieren der Schafe nach dem Abtrieb aus dem Hochland, hier in Hrútatunguháls (links).*

Eine Herde Islandpferde am Fluß Skjálfandafljót, in der Nähe des Wasserfalls Goðafoss (rechts).

DETTIFOSS *Islands gewaltigster Wasserfall: der Dettifoss im Norden der Insel. Umhüllt von einer riesigen Gischtwolke stürzen die Wassermassen bis zu 45 Meter in die Tiefe.*

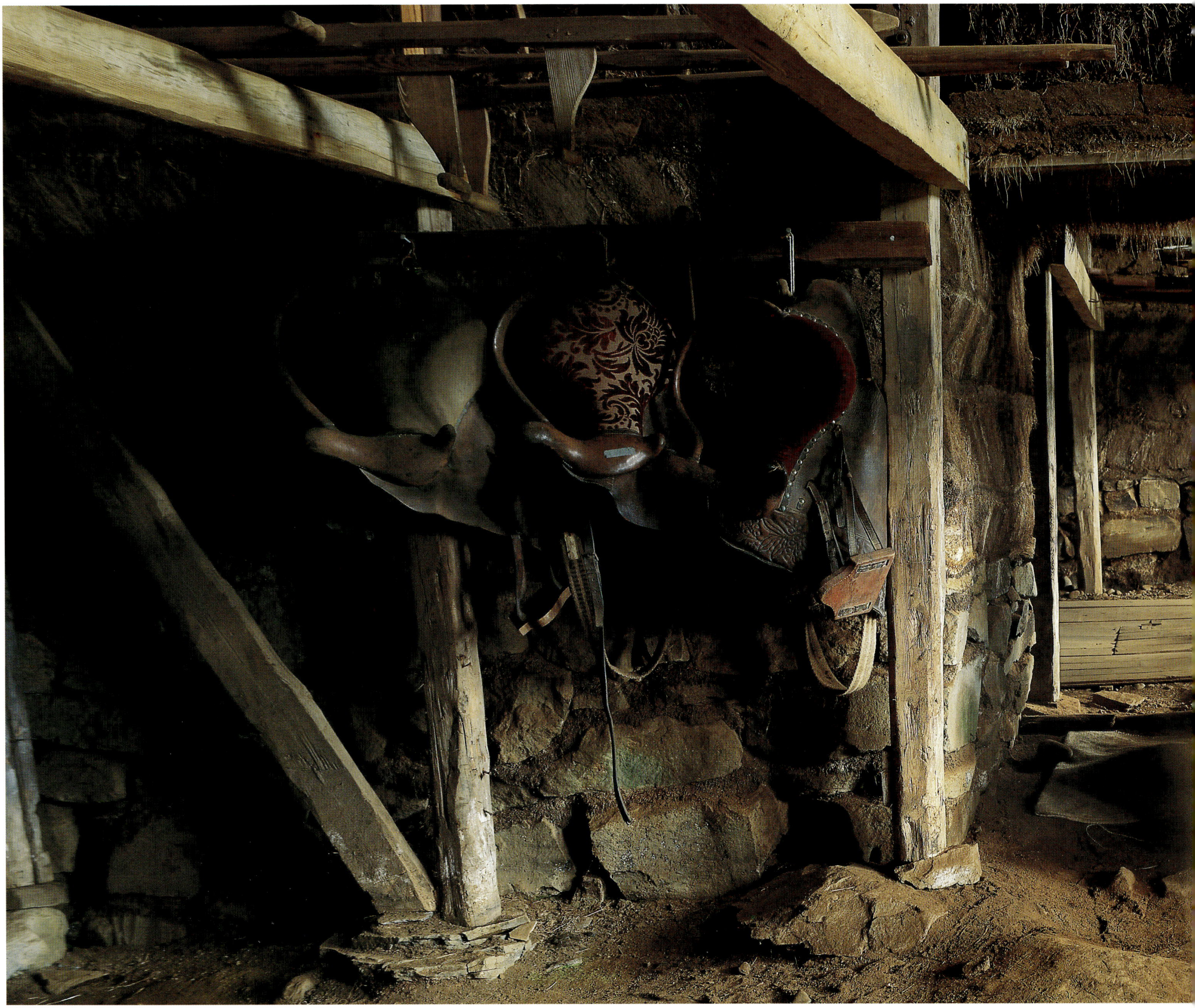

GRASSODENHÄUSER   *In Laufás am Ostufer des Eyjafjörður wurde ein Pfarrhof aus dem 19. Jahrhundert als Museum eingerichtet. An den unverkleideten Wänden der Stall- und Wirtschaftsräume läßt sich die Schichtung der Grassodenstücke besonders gut erkennen.*

TRADITION *Heuernte nach alter Art auf dem Museumshof Laufás. Beim Jahrestreffen der Heimatvereine wird hier zwei Tage lang wie in vergangenen Tagen gelebt, gefeiert und gearbeitet.*

LANDESTRACHT *Vor dem Bauernhausmuseum Lau- fás. Die festliche Tracht wird von den jungen Frauen heute höchstens noch am Nationalfeiertag oder zu Folkloreveranstaltungen getragen.*

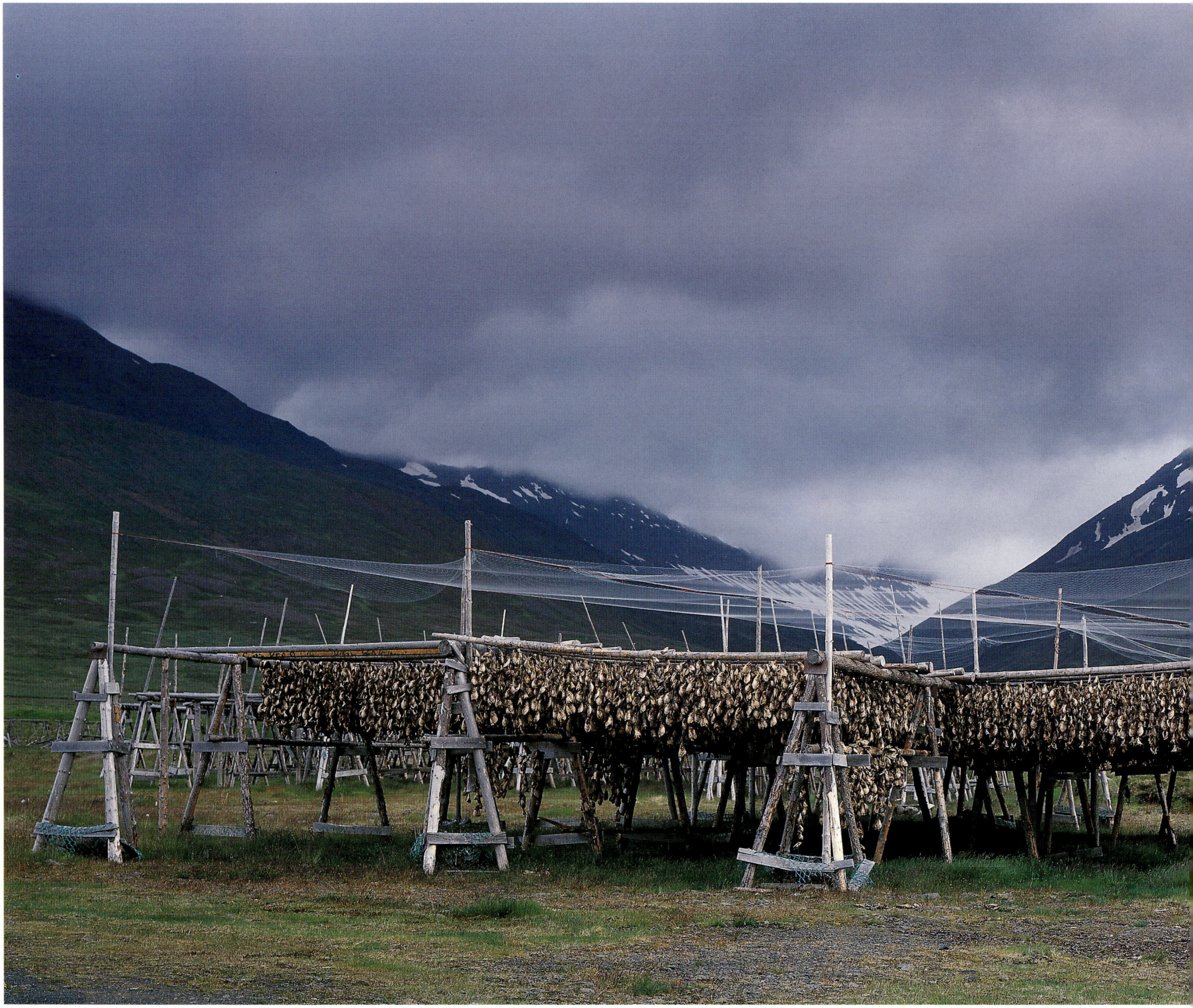

EYJAFJÖRÐUR *Netze schützen die zum Trocknen aufgehängten Kabeljauköpfe vor den Seevögeln. Besonders die Schwärme immer hungriger Möwen sind bei den Fischern gefürchtet. Am Eyjafjörður.*

NÁMASKARÐ *Ein kochender Schlammtopf im Gebiet von Námaskarð östlich des Sees Mývatn. Sein Auswurf hat einen kraterartigen Ringwall gebildet.*

ÓDÁÐAHRAUN *Sogar in den scheinbar unbelebten Lavafeldern der Ódáðahraun, der «Missetäterwüste», haben sich genügsame Polsterpflanzen angesiedelt.*

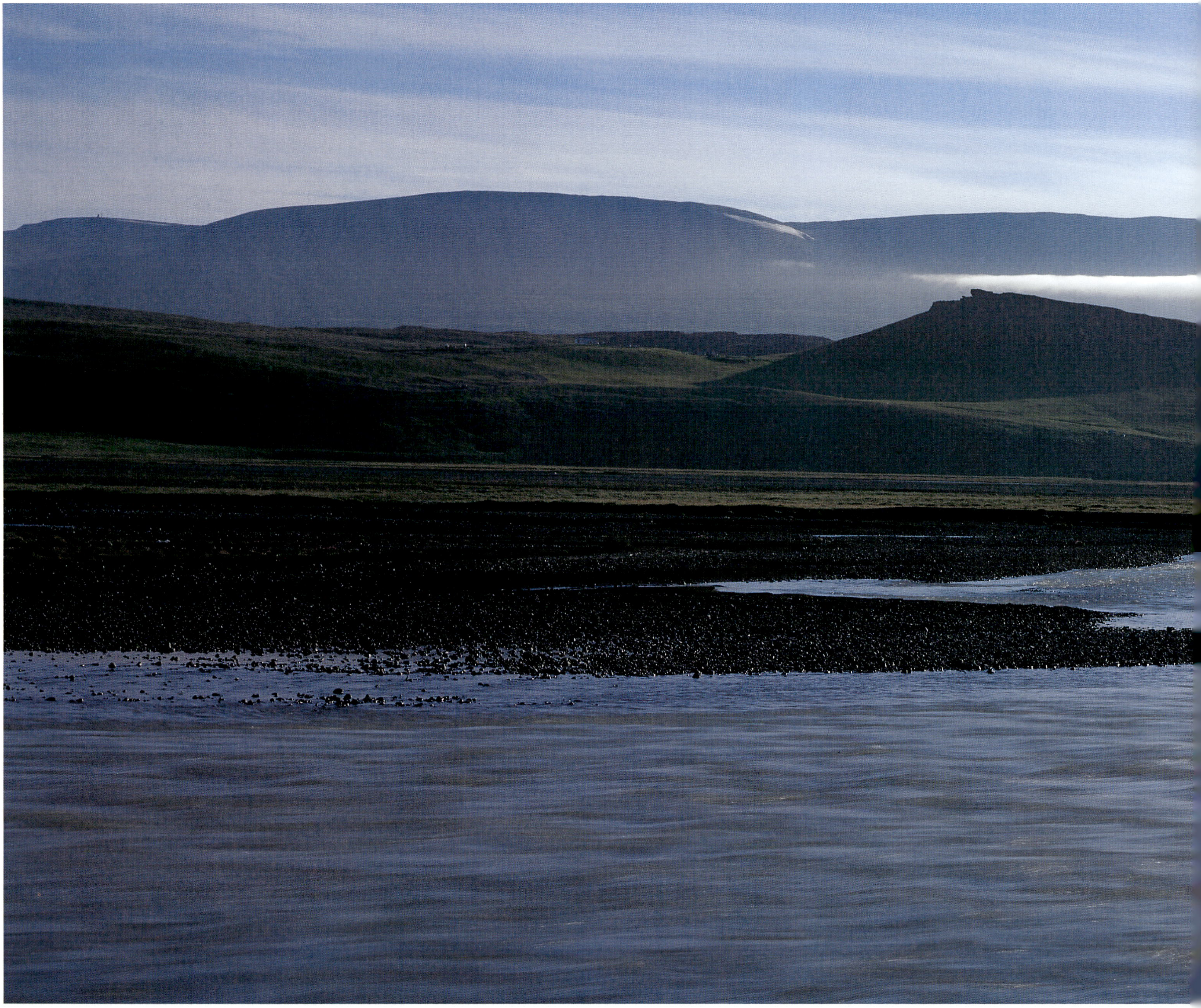

ÖXNADALUR   *Wer auf der Ringstraße Nr. 1 von Akureyri in Richtung Westen fährt, erlebt eine große landschaftliche Vielfalt: Der Weg schlängelt sich durch Gebirgstäler oder verläuft entlang der Höhenzüge, die bis auf über 1100 Meter ansteigen.*

NÁMASKARÐ *Es brodelt und zischt, Dampfwolken steigen auf, Schwefelgeruch liegt in der Luft: Am Mývatn östlich des Námafjall sind die Schwefelausbauchungen durch unterirdische vulkanische Aktivität so stark, daß hier bis 1940 Schwefel abgebaut wurde.*

Die Solfatarenfelder rund um das touristisch gut erschlossene Mývatn, den «Mückensee», gehören zu den beliebtesten Reisezielen auf Island.

SOLFATAREN-
FELDER ▷

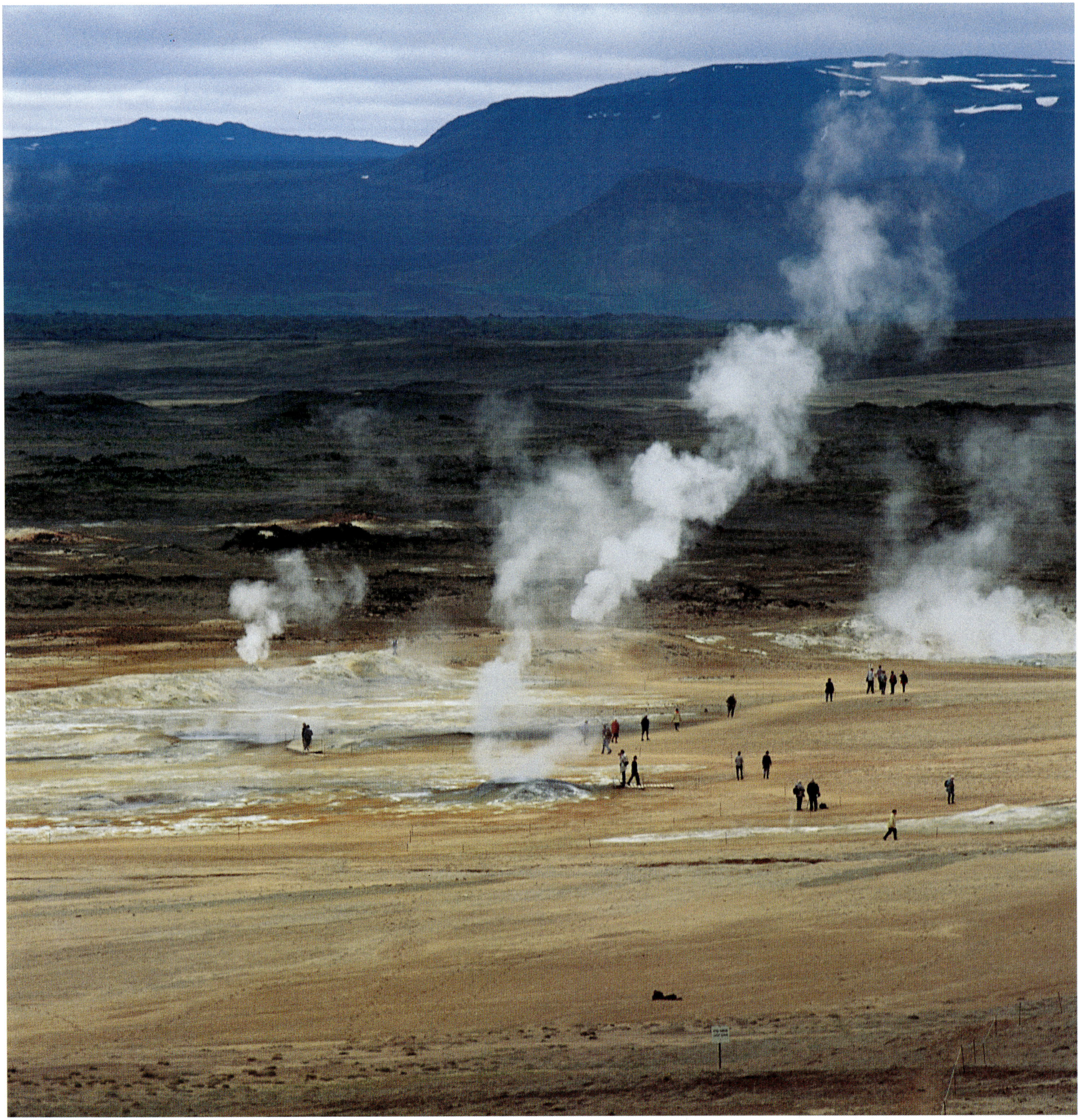

Literatur

«Es gibt aus vergangenen Zeiten keine überragenden isländischen Werke der bildenden Kunst oder Kompositionen. Das einzige nationale kulturelle Erbe, das wir Isländer besitzen, sind die alten Handschriften; sind ihre bedeutenden literarischen Texte und ihre Sprache.» Sieht man von Einzelerscheinungen wie dem Komponisten Jón Leifs oder dem Maler Jóhannes Kjarval ab, dann hat dieses bescheidene Fazit aus einer Rede von Islands erster Präsidentin, Vigdís Finnbogadóttir, sicher seine Berechtigung. Andererseits ist aus dem sehr bewußten Umgang der Isländer mit ihrem begrenzten kulturellen Erbe eine bis heute ungebrochene enge Bindung an ebendiese Sprache und Literatur gewachsen. Nicht einmal die gewaltsame Zerschlagung der mittelalterlichen Klosterkultur durch die «von oben» verordnete lutherische Reformation konnte in Island der Sagaüberlieferung etwas anhaben. Noch bis ins 19. Jahrhundert hinein setzten sich Bauern auf ihren Einzelhöfen in Mußestunden hin und schrieben die alten Vorlagen getreulich wieder und wieder ab. Heute werden in jedem Jahr für die gerade einmal 260 000 Isländer mehr als tausend neue Bücher aufgelegt, und bald jeder zehnte von ihnen veröffentlicht irgendwann in seinem Leben ein eigenes Werk. Kein Wunder also, daß Island im Vergleich zu seiner Größe über eine ungemein reiche Literaturtradition verfügt, die es verdient, ausführlicher vorgestellt zu werden.

Ein positiver Beitrag der Reformation zur isländischen Kultur bestand in ihrer Aufwertung der Volkssprachen. Die 1584 gedruckte Übersetzung der Lutherbibel durch Bischof *Guðbrandur Þorláksson* (1542–1627) führte dazu, daß in Island, anders als in Norwegen, nicht Dänisch, sondern die eigene Volkssprache auch Kirchensprache wurde, was nicht unerheblich zur Erhaltung des bis heute wenig veränderten Isländischen beitrug. Daß auch in der Folgezeit ein geistliches Werk, die fünfzig Passionspsalmen des Pastors *Hallgrímur Pétursson* (1614–1674), zu einem bis heute anerkannten ersten Klassiker neuzeitlicher isländischer Literatur aufstieg, mag außer mit der Macht der lutherischen Orthodoxie auch mit den Trostbedürfnissen einer von immer neuen Katastrophen heimgesuchten Bevölkerung zusammenhängen. Erst als wieder einige wenige Gelegenheit fanden, sich durch ein Studium in Kopenhagen zeitweilig aus den ungemein harten Lebensbedingungen und der Isolation der Insel zu lösen und neue kulturelle Strömungen auf dem Kontinent kennenzulernen, entwickelte sich eine moderne isländische Literatur. 1835 schickte der junge *Jónas Hallgrímsson* (1807 bis 1845) im ersten Heft der neugegründeten Zeitschrift «Fjölnir» neben einer Übersetzung von Ludwig Tiecks «Blondem Eckbert» auch das nationalpatriotische Programmgedicht «Ísland, farsælda frón» («Island, glückliches Land») von Kopenhagen nach Reykjavík. Damit hielt die Romantik ihren Einzug in Island, in dessen Literatur sie fortan bis weit ins 20. Jahrhundert hinein eine dominierende Rolle spielen sollte. Mit der nach seinem frühen Tod veröffentlichten Idylle «Grasaferð» (1846, «Auf der Moossuche») legte er ebenso den Grundstein zur modernen isländischen Kurzprosa. Doch Prosa blieb ebenso wie eine an der nüchternen Realität orientierte Dichtung ein Randphänomen in Island, geschrieben von dort notorisch in Erscheinung tretenden kauzigen Einzelgängern, wie dem unter armseligsten Bedingungen schreibenden *Hjálmar Jónsson* (1796–1875), den man aufgrund seiner sarkastischen Klagen voller Weltschmerz heute als den ersten isländischen Bluesdichter feiert. Im offiziellen Literaturbetrieb um die Jahrhundertwende huldigte man lieber den (neu)romantischen Gedichtsammlungen des Exzentrikers *Einar Benediktsson* (1864–1940). Zuletzt gelang *Tómas Guðmundsson* (1901–1983) mit seiner Lyrik-Anthologie «Fagra veröld» («Schöne Welt») 1933 noch einmal ein später Höhepunkt eingängig musikalischer neuromantischer Dichtung. In der Zwischenzeit hatten einige im Ausland lebende Autoren durch Werke in fremden Sprachen Interesse für Literatur aus Island geweckt; unter ihnen der in Deutschland bekannte *Gunnar Gunnarsson* (1889–1975). In Island selbst regte sich in dieser Zeit literarischer Protest gegen den herrschenden Ton. In Anspielung auf *Davíð Stefánssons* (1885–1965) «Svartar fjaðrir» (1919, «Schwarze Federn») veröffentlichte *Þórbergur Þórðarson* (1889–1974) 1922 die parodistische Gedichtsammlung «Hvítir hrafnar» («Weiße Raben»), in der er (neu)romantische Formen und Inhalte verspottete. Nur zwei Jahre später erschien seine erste Erzählung, die auf gleiche Weise auch die Prosaliteratur Islands revolutionieren sollte: «Bréf til Láru» (1924, «Brief an Laura»). Das schmale Bändchen wurde rasch ein Skandalerfolg, wie er sonst im Norden nur mit Strindbergs «Rotem Zimmer» oder Hamsuns «Hunger» vergleichbar ist. Þórbergurs damalige Begeisterung für sozialistische Ideen teilten auch die Lyriker, die in Island modernistische Gedichtformen zum Teil gegen hartnäckige Erwartungshaltungen der Leserschaft durchsetzten. Zu ihnen gehörte vor allem *Steinn Steinarr* (eigentlich Aðalsteinn Kristmundsson, 1908–1974), der seine modernistische Formsprache dann bis zu seiner letzten Gedichtsammlung «Tíminn og vatnið» (1948, «Die Zeit und das Wasser») aus dem Blickwinkel eines sarkastischen Nihilisten konsequent weiterentwickelte. Der Umgang mit den vielen ausländischen Besatzungssoldaten und besonders die 1944 proklamierte Unabhängigkeit erforderten eine Neuorientierung Islands in der Welt, die auch in der Literatur ihren Niederschlag fand. In der zweiten Hälfte der vierziger Jahre debütierte in der Nachfolge Steinn Steinarrs eine Gruppe modernistischer Lyriker, die man in Island spöttisch die «Atomdichter» nannte. Als ihr bedeutendster Vertreter hat sich heute wohl *Stefán Hörður Grímsson* (geboren 1919) erwiesen.

Auf den mehrtägigen Ritten durch einsame und unwegsame Landschaften sind stets viele Pack- und Ersatzpferde mit von der Partie. Gerade im schwierigen Gelände ist es nicht immer einfach für die Reiter, diese kleine Herde zusammenzuhalten.

Des Literaturnobelpreisträgers von 1955, *Halldór Laxness'* (geboren 1902), umfangreiches, auch im Ausland vielgelesenes Werk braucht hier nicht eigens vorgestellt zu werden. Lange ließ es andere isländische Schriftsteller seiner Generation in den Hintergrund treten. Doch obwohl er eine Reihe unterschiedlicher Schaffensphasen durchlief, ist Laxness gerade in seinen späteren Werken wieder zu einem im Grunde traditionalistischen Erzähler geworden, der wie andere Isländer auch die schriftstellerische Bewältigung der neuen Herausforderungen der isländischen Gesellschaft mied. Das einzige Buch von *Ásta Sigurðardóttir* (1930 – 1972), «Sunnudagskvöld til mánudagsmorguns» (1961, «Sonntagabend bis Montagmorgen»), in dem sie in einer erfrischenden und sinnlichen Alltagssprache das Leben in Reykjavík aus der Perspektive einer alleinstehenden jungen Frau behandelte, trug der Autorin bezeichnenderweise rasch den Ruf einer verruchten Bohemienne ein. Ein nachhaltiger Bruch mit literarischen Traditionen gelang erst wieder 1966 dem deutlich vom «nouveau roman» beeinflußten *Guðbergur Bergsson* (geboren 1932) mit «Tómas Jónsson metsölubók» («Tómas Jónsson, Bestseller»). Mit Experimenten in ähnlicher Richtung hatte zuvor schon der 1950 aus Paris nach Reykjavík zurückgekehrte *Thor Vilhjálmsson* (geboren 1925) seine schriftstellerische Laufbahn begonnen. Den wirklichen Publikumsdurchbruch schaffte er jedoch erst 1986 mit dem Roman «Grámosinn glóir» («Das Graumoos glüht»), für den er 1988 den begehrten Literaturpreis des Nordischen Rates erhielt. Seit diesem Erfolg wird Thor häufig als der führende isländische Schriftsteller der Generation nach Laxness apostrophiert.

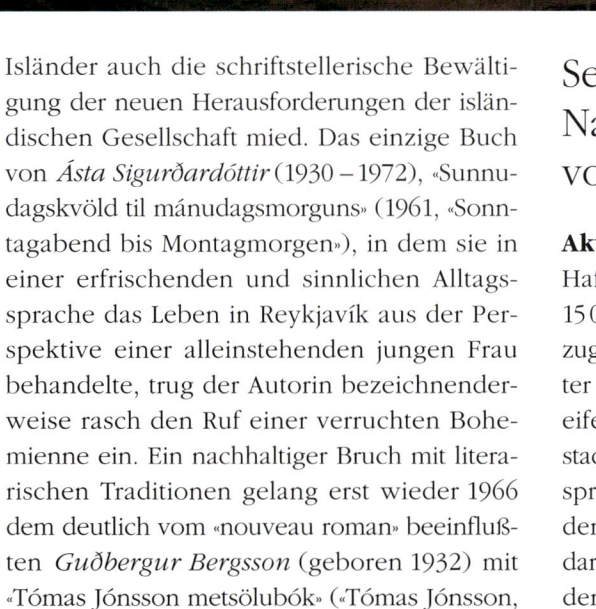

Vom Askja-Gebiet aus sieht man am Horizont die «Königin der Berge» Islands, die Herðubreið. Forscher vermuten, daß die charakteristische Form dieses Tafelvulkans den Saga-Dichtern als Vorlage für die Götterburg Asgard diente.

Sehenswerte Orte und Natursehenswürdigkeiten von A bis Z

Akureyri Die kleine, hübsch gelegene Hafenstadt am Eyjafjörður mit ihren knapp 15 000 Einwohnern fühlt sich trotz ihrer Bevorzugung durch ein trockeneres Klima stets hinter Reykjavík zurückgesetzt und wacht daher eifersüchtig darüber, wenigstens als «Hauptstadt des Nordens» angesprochen und mit entsprechenden Einrichtungen bedacht zu werden: So verfügt sie über diverse Museen, darunter das Geburtshaus des populären Kinderbuchautors «Nonni» Sveinsson, weiterführende Schulen und sogar eine eigene Hochschule. Das Sehenswerteste an Akureyri ist allerdings sein 1911 gegründeter Botanischer Garten, in dem neben vielen ausländischen nahezu alle höheren Pflanzenarten Islands versammelt sind.

Askja Dieses etwa 50 Quadratkilometer umfassende Vulkanmassiv im östlichen Hochland, umgeben von der Ódáðahraun («Missetäterwüste»), förderte bis vor viereinhalbtausend Jahren fast sechs Kubikkilometer Lava pro Jahrtausend. Durch den Rückzug der Gletscher und den damit abnehmenden Außendruck ist die Fördermenge seitdem zwar gesunken, doch allein in unserem Jahrhundert brach die Askja fünfmal aus, zuletzt 1961. In einer gewaltigen Explosion entleerte sich 1875

richtet wurde. Auf einigen Vorgängerbauten stand hier bis zu einem Brand im Jahr 1309 der größte in Holz ausgeführte Kirchenbau des gesamten Nordens mit einer Seitenlänge von über 50 Metern. In der Krypta der jetzigen Kirche finden sich außer einem mittelalterlichen Steinsarkophag noch steinerne Fundamente einer Nachfolgekirche sowie ein unterirdischer Fluchtweg. Bischöfe lebten auf Island nämlich nicht ungefährlich. Zwei von ihnen wurde auf Skálholt das Leben abgekürzt (wie es mit einem isländischen Ausdruck heißt). Den ersten steckte man 1433 in einen Sack und ertränkte ihn in der nahen Brúará, den zweiten enthauptete man 1550, weil er sich hartnäckig weigerte, die Reformation mitzumachen. 1796 wurden der Bischofsstuhl und seine Lateinschule nach Reykjavík verlegt. In dem jetzigen schlichten Kirchenbau von 1956 finden während der Sommermonate oft ausgezeichnete Konzerte statt, für die Besucher von weit her anreisen. Zur Zeit von Skálholts Blüte Ende des 13. Jahrhunderts begann nach einem Erdbeben im nahen Haukadalur auf einem Feld heißer Quellen plötzlich eine Springquelle aktiv zu werden, die man zutreffend den *Großen Geysir* («Ergießer») nannte.

die unterirdische Magmakammer so weit, daß der Kraterkessel bis unter das Grundwasserniveau einbrach und sich in seinen tiefsten Teilen mit Wasser füllte. Das dabei entstandene, elf Quadratkilometer große *Öskjuvatn* ist mit 220 Metern Islands tiefster See. In ihm verschwanden 1907 die beiden deutschen Forscher Walther von Knebel und Max Rudloff spurlos. Gleich daneben befindet sich der mit 38 Grad warmem Schwefelwasser gefüllte Kratersee *Víti* («Hölle»), der im Jahr 1875 beim größten Ascheausbruch historischer Zeit in Island entstand.

Bevor man die Askja erreicht, führt die Hochlandpiste an dem auf fast kreisrunder Grundfläche 1682 Meter hoch aufragenden Tafelvulkan *Herðubreið* vorüber, den viele Isländer ihre «Königin der Berge» nennen. Bis zur ersten gesicherten Besteigung durch den Deutschen Hans Reck und den Isländer Sigurður Sumarliðason 1908 galt sie als unbezwingbar. In der kleinen Oase *Herðubreiðarlindir* an ihrem Fuß fristete im 18. Jahrhundert der berühmte Geächtete Fjalla-Eyvindur in einer Erdhöhle ein karges Überleben.

Biskupstungur Dies ist der traditionelle, Ausländern jedoch kaum geläufige Name für eine Gegend im Süden Islands, in der zwei der bekanntesten touristischen Ausflugsziele der Insel liegen, die Springquelle *Geysir* und der Wasserfall *Gullfoss*. Ihren Namen aber hat sie vom nahegelegenen Bischofssitz *Skálholt*, wo 1056 das erste isländische Bistum einge-

Bald sieben Jahrhunderte lang stieß der Große Geysir in regelmäßigen Abständen eine bis zu 60 Meter hohe Fontäne kochenden Wassers aus. Nach einem neuerlichen Erdbeben stellte er 1915 seine freiwillige Tätigkeit ein und wurde seitdem zu besonderen Anlässen mit Schmierseife in die Höhe gekitzelt; das ist jedoch seit den achtziger Jahren untersagt. Seitdem müssen sich die Besucher mit seinem «nur» 25 Meter in die Höhe springenden kleinen Bruder *Strokkur*, dem «Butterfaß», zufriedengeben. Doch kann man in nur zehn Kilometer Entfernung ja auch noch einen der

Die von Bergen umgebene Stadt Akureyri eignet sich gut als Ausgangspunkt für Wanderungen und Skitouren (links). Zu ihren Sehenswürdigkeiten gehört der Botanische Garten (oben).

spektakulärsten Wasserfälle des Landes bewundern, den in zwei versetzten Stufen 32 Meter tief in eine grandiose Schlucht rauschenden *Gullfoss*. Daß er heute noch in seiner ganzen Pracht zu sehen ist, verdanken wir dem Einsatz einer mutigen Frau namens Sigríður Tómasdóttir. Als nämlich im Jahr 1907 ein Engländer auf dem Hof ihres Vaters erschien und ihm den Wasserfall für den fünfzigfachen Wert seines Hofes abkaufen wollte, um dort ein Wasserkraftwerk anzulegen, drohte Sigríður angeblich, sich in den Gullfoss zu stürzen, wenn der Handel zustande käme.

Borgarnes Das heute 1800 Einwohner zählende Städtchen erhielt zwar erst 1987 Stadtrecht, ist aber dennoch einer der ehrwürdigsten Siedlungsorte auf der Insel: In einem vom jetzigen Stadtpark umgebenen Hügel liegt der Landnehmer Skallagrímur Kveldulfsson, Vater des berühmten Dichters und Wikingers Egill Skallagrímsson, begraben. Obwohl dieser Sagaheld in religiösen Fragen ein eigenwilliger Skeptiker war, ist sein schön gelegener Hof heute Kirche und Pfarrhof. Übrigens soll sich dort das Grab von einer der Hauptpersonen der «Laxdæla saga» (siehe Seite 40), Kjartan Ólafsson, befinden. In Borgarnes zweigt die Straße zur Halbinsel Snæfellsnes vom Ringweg ab, und eine kurze Nebenstrecke führt in das schöne und bewaldete Skorradal mit dem gleichnamigen See.

Dettifoss Siehe Seite 147.

Egilsstaðir ist eine sehr junge, erst seit dem Zweiten Weltkrieg herangewachsene Ortschaft. Inzwischen bildet es aufgrund seiner verkehrsgünstigen Lage so etwas wie das Versorgungs- und Schulzentrum des östlichen Landesteils. Landschaftlich ist Egilsstaðir schön gelegen an der hier zu einem zweieinhalb Kilometer breiten und 35 Kilometer langen See angestauten Jökulsá á Dal. In diesem 112 Meter tiefen See, den man auf Karten entweder als *Lögurinn* oder *Lagarfljót* eingezeichnet findet, soll ab und zu ein Ungeheuer ähnlich dem von Loch Ness gesehen worden sein. Im nahen *Hallormstaður* am Ostufer des Sees hatte sich bis zum Beginn des 20. Jahrhunderts Islands größter zusammenhängender Waldbestand erhalten. Er wurde 1899 zum Schutzge-

Links oben: Allein schon die Umrundung Islands auf Straßen und Pisten ist ein Abenteuer – hier am Vatnsfjörður in den Westfjorden.

Links unten: Im vom Klima begünstigten Osten der Insel wird, wie etwa im fruchtbaren Flußtal des Lagarfljót, auch Landwirtschaft betrieben.

Rechts: Die Jökulsá á Fjöllum entspringt einer 35 Grad warmen Thermalquelle unter dem Vatnajökull. Auf ihrem langen Weg ins Nordmeer vereinigt sie sich mit zahlreichen anderen Gletscherflüssen zum größten Fluß im Norden Islands.

biet erklärt und ist heute 2000 Hektar groß; er beherbergt ein «Baummuseum» *(Arboretum)* mit 54 Baumarten von zweihundert verschiedenen Orten rund um den Globus, darunter die mit über 18 Metern höchsten Bäume der Insel. Im nahegelegenen Skriðdalur wurde 1995 der vierte, für isländische Verhältnisse ungewöhnlich reich ausgestattete Grabhügel aus dem 10. Jahrhundert entdeckt.

nur Grímsey der Ort, von dem aus man in Island die Mitternachtssonne betrachten kann. Auf dem plateauförmigen Inselchen mit seinen kaum fünfzig Telefonanschlüssen kommen außerdem Vogelbeobachter auf ihre Kosten: Hier befindet sich die südlichste Brutkolonie des arktischen Krabbentauchers. Auch die übrigen fünf Alkenarten brüten hier im Sommer neben Eissturmvögeln und Möwen.

Dänenzeit sind erhalten und bilden den Ortskern um die Bucht. In der Zwischenzeit ist die Stadt jedoch mit den angrenzenden Gemeinden Garðabær und Kópavogur zum Vorstadtareal von Reykjavík zusammengewachsen. Dennoch wahrt man im heute 17 000 Einwohner zählenden Hafnarfjörður Eigenheiten. So dürfte es die einzige Stadt der Welt sein, die offiziell einen Stadtplan herausgibt, in dem die

Wer Augen und Ohren offenhält, wird diese häufig auf Island anzutreffenden Tiere nicht übersehen.

Oben: Eine Küstenseeschwalbe bringt Futter zum Nest.

Mitte: Kegelrobben sind rund um Island verbreitet; sie bevorzugen felsige Küsten.

Unten: Ein typischer Bewohner der Moor- und Heidelandschaften ist der Goldregenpfeifer, dessen eigenartiger Flötton noch in großer Entfernung zu hören ist.

Eldgjá   Siehe Seite 165.

Geysir   Siehe Seite 143.

Grímsey   Diese nur fünf Quadratkilometer große und von West nach Ost auf etwa 100 Meter Höhe ansteigende Insel liegt genau am Polarkreis. Daher ist, genaugenommen,

Gullfoss   Siehe Seite 143/144.

Hafnarfjörður   Wie der Name («Hafenfjord») andeutet, diente diese natürliche Hafenbucht schon lange vor dem Aufstieg Reykjavíks, nämlich bereits seit dem 15. Jahrhundert, englischen Fischern und deutschen Hansekaufleuten als Stützpunkt. Einige alte Häuser aus der

Wohnungen von Elfen, Zwergen und anderem verborgenen Volk eingezeichnet sind.

Herðubreið   Siehe Seite 143.

Höfn   ist mit seinen 1760 Einwohnern einziger und daher wichtiger Hafen an der Südküste. Selbst auf einer flachen Landzunge gelegen, hat Höfn vielleicht den schönsten Panoramablick aller isländischen Ortschaften mit Aussicht auf die stets schneebedeckten Randberge und Gletscherzungen des Vatnajökull, hell leuchtende Liparithänge und das markante Vesturhorn zu bieten.

Hornstrandir Die «äußerste Küste» – mit diesem Landschaftsnamen wird die nördlichste Landzunge der isländischen Westfjorde bezeichnet, deren Buchten und Fjorde sich nach Norden zum Eismeer hin öffnen. Polares Treibeis beeinflußt deshalb maßgeblich das Klima dieser Gegend und kann winters wie sommers bis an die steinigen Strände herankommen, auf denen sich große Treibholzstämme aus Sibirien meterhoch übereinandertürmen. Leicht und angenehm ist das Leben unter solchen Bedingungen nie gewesen, und doch suchten hier früher Menschen ein Auskommen zu finden. Erst 1952 wurde der letzte Hof aufgegeben.

Unbesiedelt und weglos, durch steile Berge und einen 1000 Meter hohen Gletscher abgeriegelt, auf dem Landweg nur durch kräftezehrende Mehrtageswanderungen zu erreichen (siehe Seite 168), sind die Hornstrandir wieder zu einem fast unzugänglichen Naturraum geworden, den man 1975 zum Landschaftsschutzgebiet erklärte. Da sie nicht länger beweidet werden, hat sich an geschützten Stellen in den Fjordtälern wieder üppige Vegetation ausgebreitet: Moor- und Grasland, hohe Büsche und Stauden, Birken- und Weidengehölze. Besonders reich ist das Tierleben: Seehunde räkeln sich auf Schären und Sandbänken, allabendlich hört man das Keckern vieler Polarfüchse, die sich ohne Scheu auch einem Zelt nähern, da sie hier nicht mehr bejagt werden. *Hornvík*, die zentrale Bucht des Gebiets, wird zudem von zwei der drei größten Vogelberge Islands flankiert, *Hornbjarg* und *Hælavíkurbjarg*.

Hvítárdalur In diesem breiten und gut 60 Kilometer langen Flußtal der Hvítá, die im Westen in den Borgarfjörður mündet, befindet sich eine ganze Reihe von Sehenswürdigkeiten; angefangen bei der größten Heißwasserquelle Europas *(Deildartunguhver)* mit einer Schüttung von 200 Liter 100 Grad heißen Wassers pro Sekunde. Aus dieser einen Quelle werden die beiden Städte Borgarnes und Akranes mit Heißwasser versorgt. Einige Kilometer landeinwärts läßt sich in einem Seitental neben der Internatsschule und dem jetzt sehr modernen Kirchenbau des alten Pfarrhofs von *Reykholt* das Privatschwimmbad des isländischen Gelehrten und Staatsmanns Snorri Sturluson aus dem 13. Jahrhundert besichtigen

Architektonische Kontraste in Ísafjörður, dem Hauptort der Westfjorde: eines der futuristischen Glaskuppelhäuser des Architekten Einar Thorsteinn (links oben); älteres Wohngebäude im Zentrum (links unten).

Während die Ausläufer des Vatnajökull nördlich von Höfn das ganze Jahr über eine vegetationslose, eisige Kulisse bilden (rechts oben), hat der kurze Sommer am Ísafjarðardjúp mit Macht Einzug gehalten (rechts unten).

(Snorralaug). Das Warmwasserbecken unter freiem Himmel und der Rest des ehemals zu ihm führenden Erdgangs gehören zu den ältesten erhaltenen Bauwerken Islands. Snorris Statue vor dem Eingang der Schule ist allerdings eine freie Erfindung des norwegischen Bildhauers Gustav Vigeland. Wieder zurück im Tal der Hvítá, erreicht man bald die eigentümlichen Wasserfälle der *Hraunfossar* inmitten eines ausgedehnten Lavafelds. Dadurch, daß sich hier poröse Brockenlava über ein wasserundurchlässigeres älteres Lavafeld gelegt hat, versickert alles Wasser rasch von der Oberfläche und rauscht dann in schönen Kaskaden aus der Stirnseite der Lavawand auf breiter Front in das Bett der Hvítá. Nur einige hundert Meter weiter kocht der Wildwasserkessel des *Barnafoss*, der seinen Namen («Kinderfall») einer Volkssage verdankt, derzufolge hier einst zwei Kinder von einer einbrechenden Natursteinbrücke in den Wasserfall gestürzt sein sollen. Übernachten kann man gut auf dem mitten in einem ausgedehnten Waldstück gelegenen Zeltplatz und Sommerhausgelände von *Húsafell*, bei dessen Kapelle der 1241 auf seinem Hof erschlagene Snorri Sturluson begraben liegt. Von den verschieden temperierten Becken des kleinen, aber hübschen Schwimmbads hat man einen herrlichen Blick auf die umliegenden Gletscher. Von dort aus kann man über eine Hochlandpiste das Höhlensystem der *Surtshellir* besuchen.

Ísafjörður liegt in einem so engen und von steilen Bergen umgebenen Fjord, daß die Sonne ab November nicht mehr den Fjordboden und die Häuser der Stadt erreicht. Erst Ende Januar begrüßen die Bewohner mit dem traditionellen *sólarkaffi* wieder die ersten, tastenden Sonnenstrahlen. Dennoch ist die schmale Sandbank im Skutulsfjörður seit der Landnahmezeit kontinuierlich besiedelt, denn in ihrem Schutz befindet sich einer der besten Naturhäfen der Insel. Aus dänischer Zeit sind noch der Kaufmannsladen von 1757, die Faktorei (1765), das «Turmhaus» (1785) und das nach der Imprägnierung seiner hölzernen Wände benannte *Tjöruhus* («Teerhaus», 1782) auf der Spitze der Sandbank in einem kleinen *Freilichtmuseum* zu besichtigen. Dieses Ensemble ist eines der ältesten und am besten erhaltenen architektonischen Denkmäler Islands. 1866 erhielt die durch Bootsbau, Kabeljau- und Haifang zu bescheidenem Wohlstand gekommene Siedlung Stadtrechte; das «Große Heringsabenteuer» (siehe Seite 122) um die Jahrhundertwende verlieh ihr weiteren Aufschwung. Heute ist Ísafjörður mit über 3500 Einwohnern der Hauptort in den Westfjorden. Im Hafen ist eine ansehnliche Zahl von Trawlern und kleineren Kuttern beheimatet, deren Fang in der Fischfabrik verarbeitet wird. Außerdem legt von hier die «Fagranes» ab, die besonders im Winter die Verbindung mit den abgelegenen Einzelhöfen im gesamten Ísafjarðardjúp aufrecht erhält.

Jökulsárgljúfur Der jüngste von bislang drei Nationalparks in Island wurde 1973 eingerichtet und umfaßt im Nordosten der Insel ein Areal von rund 150 Quadratkilometern, das sich am Westufer der Jökulsá á Fjöllum nordwärts Richtung Öxarfjörður erstreckt. Seine bekannteste Sehenswürdigkeit ist der *Dettifoss*, Europas mächtigster Wasserfall. Auf einer Breite von 100 Metern stürzen hier in jeder Sekunde 190 Tonnen schlammgraues Gletscherwasser 45 Meter in die Tiefe.

Ein Regenbogen überwölbt die Gischtwolken des mächtigen Dettifoss, dessen Wassermassen in den tiefeingeschnittenen Cañon der Jökulsá á Fjöllum stürzen.

Nicht weit von der kleinen Ortschaft Kirkjubæjarklaustur ist der sogenannte Kirkjugólf, der «Kirchenfußboden», zu bewundern, ein Naturpflaster aus vielkantigen Basaltsäulen vulkanischen Ursprungs.

Flußabwärts haben noch gewaltigere Schmelzwasserfluten der letzten Eiszeit den «Grand Canyon Islands» aus grauen Basaltschichtungen gewaschen: die 25 Kilometer lange Schlucht *Jökulsárgljúfur* mit bis zu 120 Meter senkrecht abfallenden Felswänden und weiteren Wasserfällen. Einen besonders schönen Blick über die Schlucht gewinnt man etwa am 27 Meter hohen *Hafragilsfoss*, wo der Fluß die mit erstarrtem Magma gefüllten Schlote der ehemaligen Kraterreihe *Randarhólar* durchschneidet.

Ein weiteres Glanzstück des Parks ist die 35 Kilometer lange und bis zu 100 Meter tiefe Schlucht *Ásbyrgi*. Früher lag hier einer der größten Bauernhöfe Islands, dessen Landbesitz von der Küste bis hinauf zum Dettifoss reichte und nach dem die Schlucht benannt ist. Damals erzählte man sich, ihre tatsächlich verblüffend einem Hufeisen gleichende Form sei der Hufabdruck von Odins achtbeinigem Pferd Sleipnir. Folgt man von Ásbyrgi der Piste westlich des Flusses landeinwärts, gelangt man in das eigentliche Herzstück des Nationalparks, das pittoreske *Vesturdalur* mit den sogenannten *Hljóðaklettar* («Echofelsen»), einem Labyrinth aus eigentümlichen Lavaformationen, die solch bezeichnende Namen tragen wie «Kastell», «Kirche» oder «Troll».

Kirkjubæjarklaustur Dieser Ort darf allein wegen seines für Fremde unaussprechlichen Namens in keinem Ortsverzeichnis unerwähnt bleiben. Selbst die Einheimischen nennen ihn lieber abgekürzt Klaustur, und tatsächlich befand sich hier von 1186 bis zur Reformation ein Nonnenkloster. Noch heute leben seine kaum 150 Einwohner zwar direkt an der Ringstraße und doch in ziemlicher Abgeschiedenheit, denn der nächste Ort im Westen ist über 80 und im Osten sogar 200 Kilometer entfernt. In beide Richtungen erstrecken sich unfruchtbare Sandereinöden, gleich hinter dem Ortsrand beginnt das größte aus einem einzigen Ausbruch stammende Lavafeld der Erde *(Skaftáreldhraun)* vom verheerenden Ausbruch der Laki-Spalte 1783. Im Süden schlingt die Skaftá einen Bogen um den Ort –, fast zu grandiose Kulissen für eine so kleine Ortschaft, die im Lauf ihrer Geschichte einige Male ums Haar von den umgebenden Naturgewalten ausgelöscht worden wäre.

Wenige Kilometer westlich zweigt eine Hochlandpiste zur 50 Kilometer entfernten Kraterreihe der *Lakagígar* (siehe Seite 149) ab. Bevor man darauf einbiegt, sollte man jedoch unbedingt die abenteuerlich zerklüftete

Schlucht *Fjaðrárgljúfur* besuchen, die zu den unbekannteren Naturwundern Islands zählt. Bei sehr niedrigem Wasserstand ist es möglich, den Bachlauf ein Stück weit hinaufzuwaten zwischen die senkrecht 100 Meter in die Höhe strebenden Schluchtwände. Sonst läßt es sich bequem am oberen Rand der Schlucht entlangwandern, wobei sich immer wieder großartige Einblicke öffnen.

Kjalvegur oder Kjölur heißt eine zwischen Lang- und Hofsjökull über den gewölbten «Kiel» (kjölur) des isländischen Hochlands führende alte Piste, auf der schon die Bauern der Freistaatzeit zum Althing ritten. In den Sommermonaten verkehrt täglich ein Linienbus auf dieser Route. Im Süden führt sie gleich hinter Geysir und Gullfoss durch eine Staubwüste aus dunklem Lavasand, von dem sich am Horizont hinter der gezackten Silhouette der Kraterreihe *Jarlhettur* gleißend hell der Langjökull abhebt. Aus dem 30 Quadratkilometer großen Gletschersee *Hvítárvatn*, auf dem oft Eisberge schwimmen, entspringt der Fluß Hvítá, der den Gullfoss speist. Etwa 30 Kilometer weiter zweigt nach Osten eine Piste in die *Kerlingarfjöll* ab, einen bis zu 1477 Meter hohen, wild zerklüfteten Gebirgsstock aus hellem Liparit. Unterhalb der stets schneebedeckten Gipfel stößt man unvermutet auf einen Zeltplatz und ein kleines Hotel, das zu Islands einzigem Sommerskigebiet gehört. Dort oben hat man einen quasi unbegrenzten Fernblick über das zentrale Hochland, die drei Gletscher Lang-, Hofs- und Vatnajökull und selbst noch weiter entfernte Randberge Richtung Nord- und Südküste. In den eine Wegstunde entfernten *Hveradalir* kann man hingegen ganz in die Nähe einer landestypisch innigen Verbindung aus Feuer und Eis gelangen. Über geothermisch erhitztem und von Ablagerungen bunt verfärbtem Boden wölben sich große Höhlen im mächtigen Eispanzer, in den fauchende Solfataren lange Austrittskanäle dampfstrahlen.

Zurück auf dem Kjalvegur erreicht man bald ein weiteres Geothermalgebiet: *Hveravellir*, wo die Luft im Jahresdurchschnitt minus 1,6 Grad kalt ist. Hier gibt es gleich mehrere unterschiedlich gefärbte Warmwasserquellen und heiße Dampffontänen, die aus Kalksinterkegeln aufsteigen. An diesem bevorzugten Ort in unwirtlicher Einöde hielt sich der Geächtete Fjalla-Eyvindur mehrere Jahre lang versteckt. Auf einem Spaziergang kann man noch heute seine Wohnhöhle, seinen Schafpferch und eine nach ihm benannte Quelle finden. Seit 1938 unterhält hier der isländische Wanderverein *Ferðafélag Íslands* eine Hütte und kümmert sich um den Naturschutz.

Lakagígar Diese Kraterreihe ist der sichtbare Rest einer fast 40 Kilometer langen, zum Vulkansystem der Grímsvötn im Vatnajökull gehörenden Spalte, die sich im Juni 1783 auf einer Länge von 25 Kilometern öffnete und in einem wochenlang ununterbrochenen Strom eine Fläche von 560 Quadratkilometern mit 15 Kubikkilometer Schlackenlava überzog sowie große Teile der Insel mit vulkanischer Asche bedeckte. Die frei gewordene Gaswolke vergiftete große Teile des Viehbestands und der Weiden in Island und beeinflußte zeitweilig das Klima der gesamten nördlichen Hemisphäre. In Island wurde die Gesamtbevölkerung auf weniger als 40 000 Seelen dezimiert.

Steigt man heute in dieser sehr stillen und einsamen Gegend, in der nicht einmal ein Vogelruf zu hören ist, auf den 818 Meter hohen Berg Laki, sieht man, wie die Reihe von mehr als 120 einzelnen, inzwischen moosbedeckten, teilweise eingestürzten Kratern in blauer Ferne unter dem mächtigen Eisschild des Vatnajökull verschwindet.

Landmannalaugar Dieses an sich großartige und eindrucksvolle Naturschutzgebiet mit seinen angenehm warmen Quellen an der Stirnwand haushoch erstarrter Lavaströme wird in jedem Jahr bereits von etwa 10 000 bis 15 000 Touristen heimgesucht, obwohl es nur

Auch im isländischen Hochland verkehren Linienbusse, die auf ihrer Route souverän so manche Furt durch die zahlreichen Flüsse bewältigen – hier auf dem Weg von der Eldgjá nach Landmannalaugar.

Fortsetzung Seite 165

DER OSTEN

Die Farmen sind modern ausgestattet und die Bewohner bei weitem nicht auf dem veralteten Stand, wie man ihn aufgrund der geographisch abgeschiedenen Lage der Insel vermuten könnte. Der Islandreisende Carl Küchler bemerkte dazu im Jahre 1906 schon folgendes: «Wer sich die Isländer etwa als trantrinkende Eskimos vorgestellt hat – eine Meinung, der ich noch bis in die allerjüngste Zeit selbst unter gebildeten Leuten begegnet bin, hat sich in einem gewaltigen Irrtume befunden.»

Peter Christmann, 1991

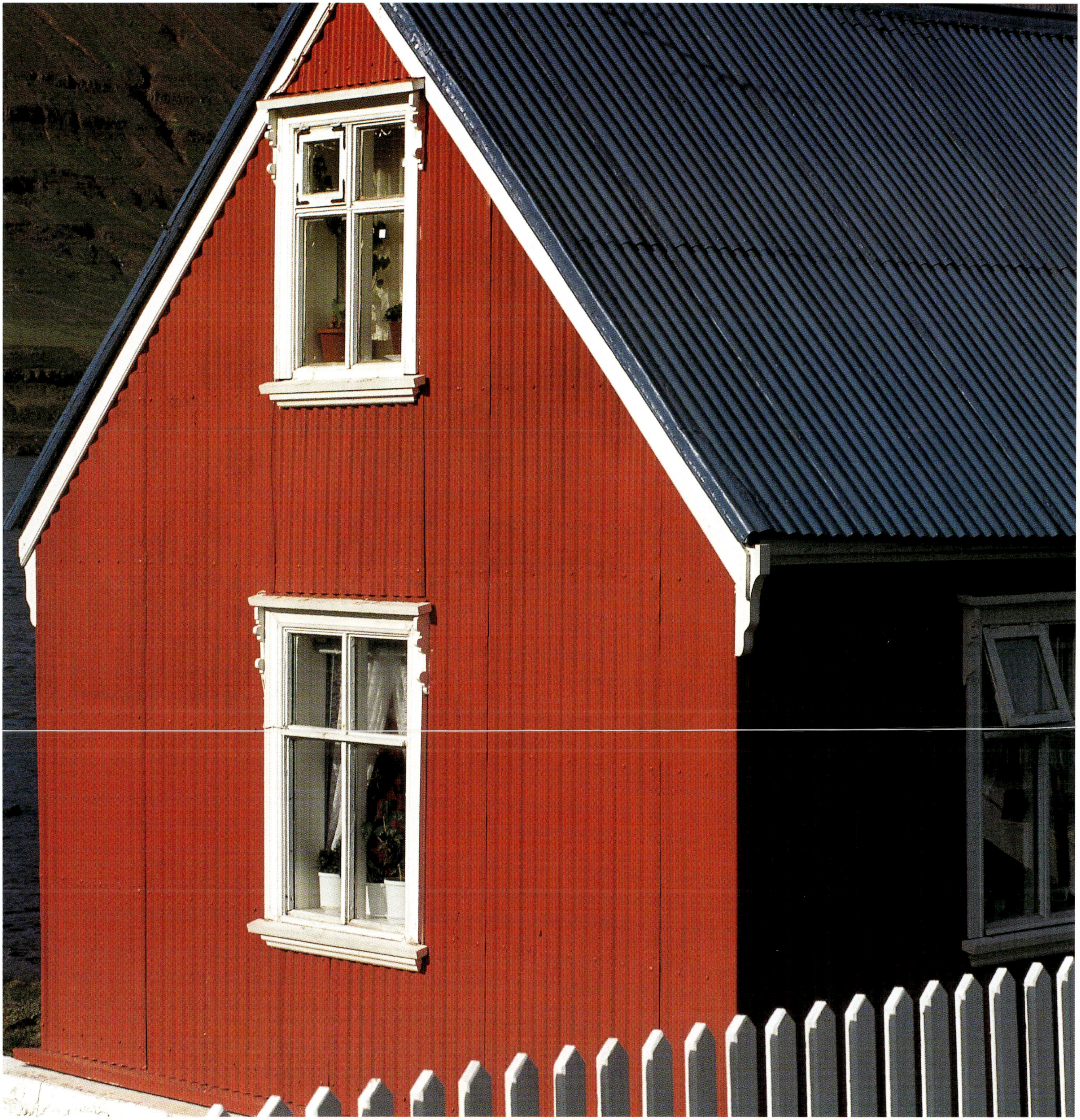

◁ EIGENHEIM   *Auf Papey (links). – Die Isländer sind gern ihre eigenen Herren. Aus diesem Grund wohnen sehr viele Menschen im eigenen Heim, mag es auch häufig klein und bescheiden ausfallen. Hier in Seyðisfjörður (rechts).*

DJÚPIVOGUR *Einer der ältesten Handelsplätze Islands ist das auf der Landspitze zwischen Beru- und Álftafjörður gelegene Djúpivogur aus dem 16. Jahrhundert (im Bild der Hafen). Heute leben seine Bewohner von Fischfang und Landwirtschaft.*

SEYÐISFJÖRÐUR *In Seyðisfjörður, einem der größeren und älteren Orte im Osten. Die Vorliebe der Isländer für die bunten Anstriche ihrer Häuser geht auf den Einfluß skandinavischer Kaufleute zurück, die in den vergangenen Jahrhunderten an den Handelsplätzen der Insel ansässig waren.*

ANKUNFTSHAFEN *Holz- und Wellblecharchitektur in Seyðisfjörður. Für viele Touristen, die mit der Fähre aus Norwegen, Dänemark und Schottland nach Island kommen, ist dieses Hafenstädtchen am gleichnamigen Fjord Ausgangspunkt ihrer Reise um die Insel.*

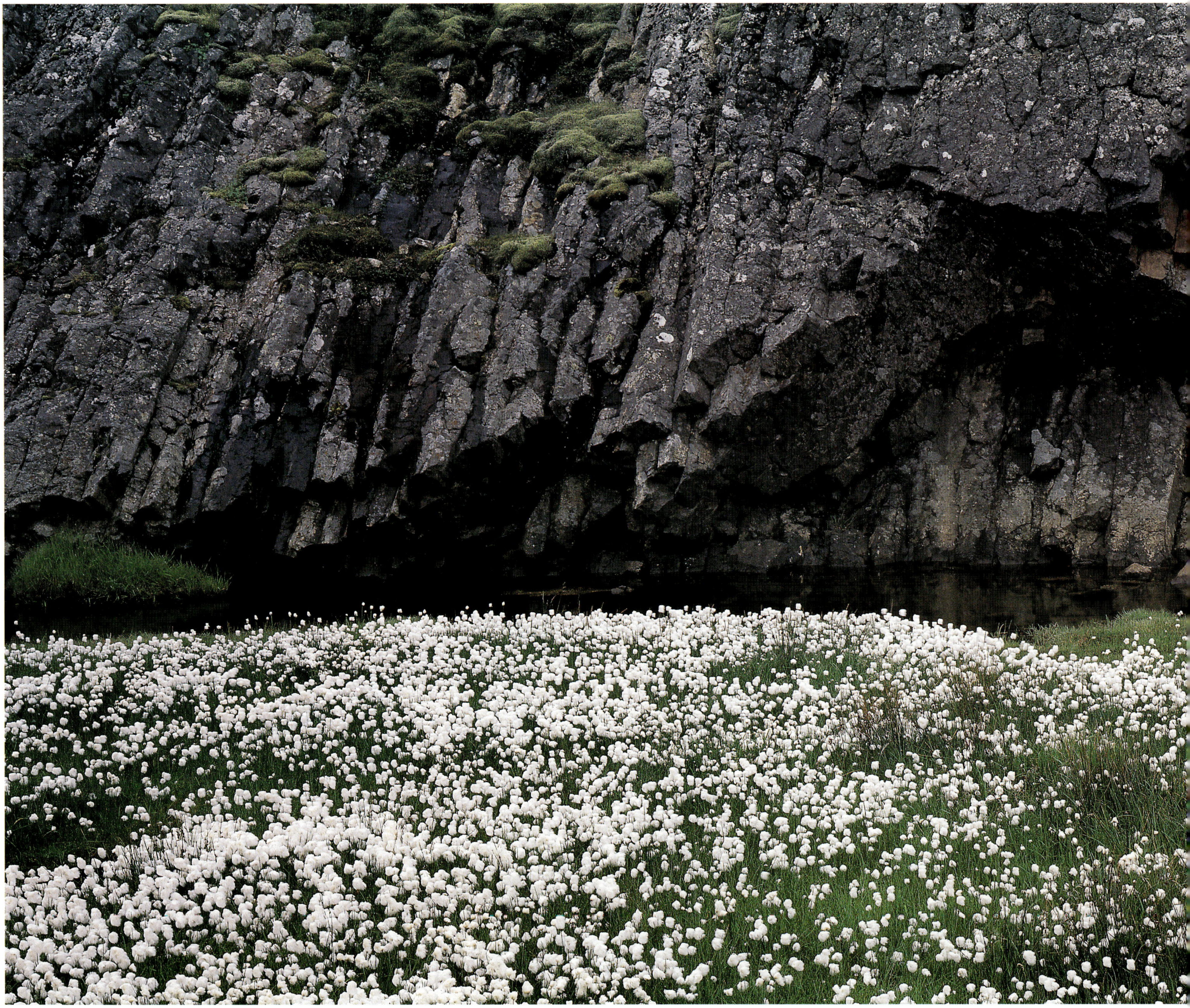

BASALTSÄULEN Beim Erkalten der Lavaströme entstehen durch Kristallisation senkrecht zur horizontalen Abkühlungsfläche vielkantige Basaltsäulen. Sie sind – wie hier bei Djúpivogur – auf Island häufig anzutreffen.

PAPAGEITAUCHER *Wohl fast fünf Millionen Brutpaare des Papageitauchers, die Hälfte des Weltbestands, finden sich an den isländischen Küsten ein. Die Vögel stellten in früheren Jahrhunderten mancherorts eine willkommene Ergänzung des kargen Speiseplans dar.*

VOGELFELSEN   *An den steilen Felsküsten brüten im Mai und Juni Scharen von Eissturmvögeln, Möwen und anderen Meeresvogelarten: Die Klippen gewähren Schutz vor Feinden, das Meer bietet Nahrung für Eltern- und Jungvögel.*

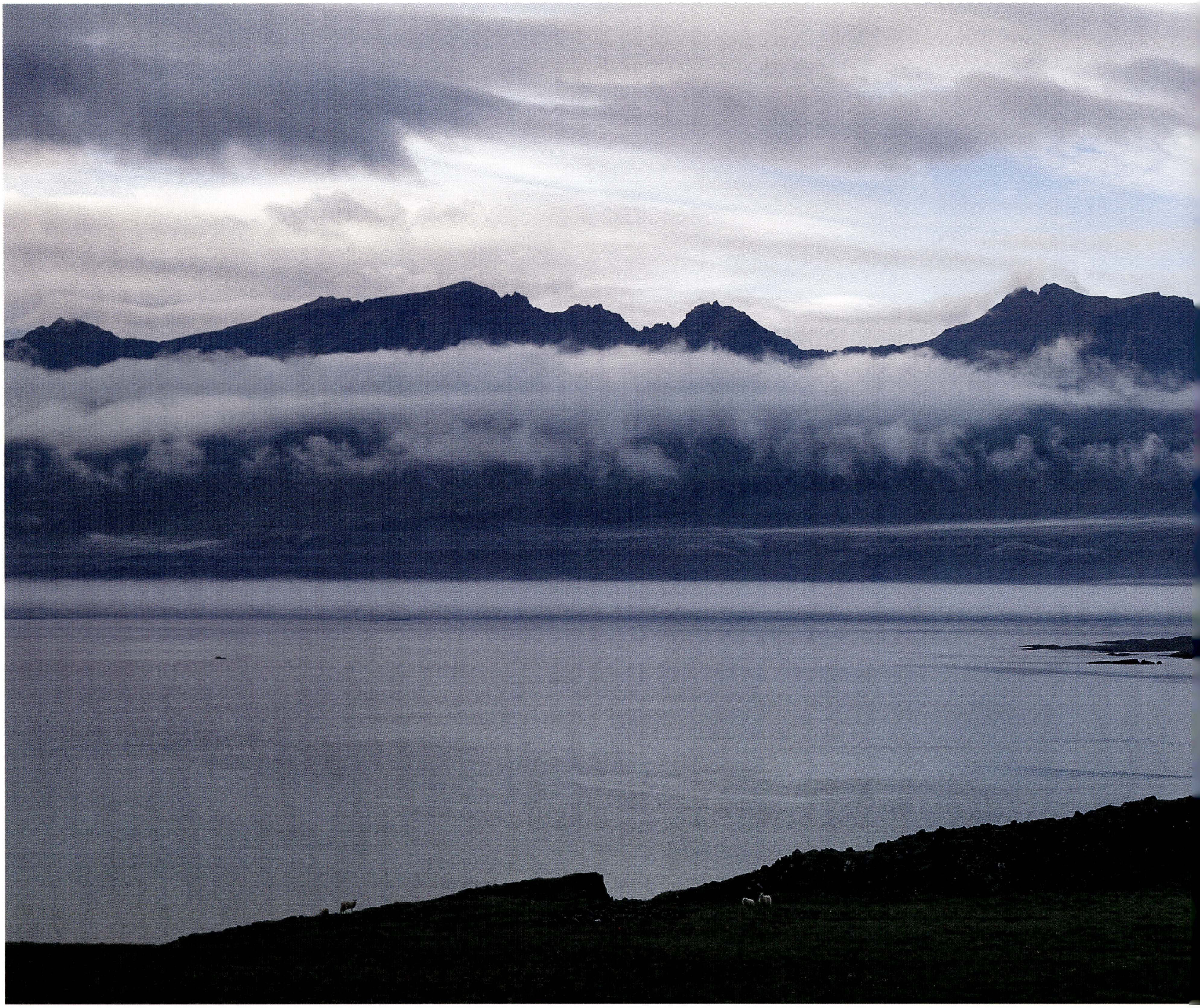

BEI BREIDÐALSVÍK *In der Nähe von Breidðalsvík, einem Fischerort an der Ostküste. Da die über tausend Meter hohen Gebirgszüge auf den Landzungen zwischen den Fjorden die rauhen Stürme abhalten, herrscht in den Buchten ein vergleichbar mildes Klima.*

SEYÐISFJÖRÐUR *Ungewöhnlich viele der schmucken Kaufmannshäuser aus Holz sind im alten Kern von Seyðisfjörður erhalten. Noch bis zum Ende des 19. Jahrhunderts war der Ort das wichtigste Handelszentrum im Osten Islands.*

Am Fuß von Islands bekanntestem Tafelberg, der sagenumwobenen Herðubreið (1682 m), in der staubigen «Missetäterwüste» liegt die kleine Oase Herðubreiðarlindir.

HERÐUBREIÐ ▷

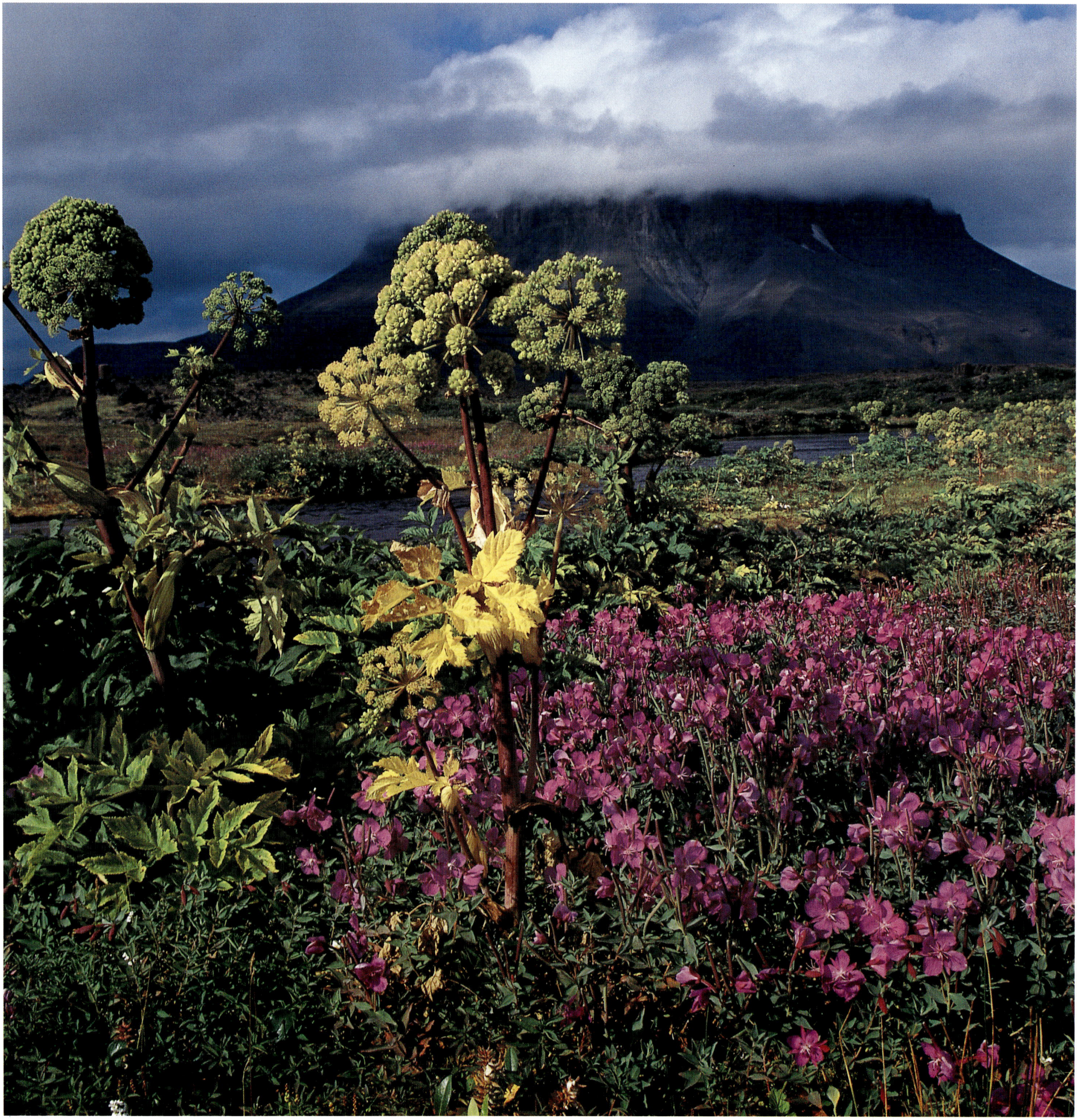

durch stundenlange Anfahrt über die holperige *Fjallabaksleið* («Weg hinter den Bergen»!) zu erreichen ist. Kennzeichnend für diese Landschaft sind die während der letzten Eiszeit entstandenen Bergzüge, die stets so aussehen, als würden sie von Sonnenschein in ein warmes Licht getaucht. Um den in unserer Zeit eine Gletscherkappe tragenden *Torfajökull*, einen noch aktiven Vulkan ganz in der Nähe mit einem ausgedehnten Hochtemperaturfeld, erstreckt sich nämlich das größte Liparitgebiet der Insel. Wo diese Lavaart unter hohem Druck schnell erkaltet, erstarrt sie zu glasartigem, tiefschwarzen Obsidian, auf isländisch treffend *hrafntinna* («Rabenstein») genannt. Wandert man in drei oder vier Tagesetappen den sogenannten *Laugavegur* von Landmannalaugar über Þorsmörk an die Südküste, kommt man an ganzen Feldern fußballgroßer Bruchstücke aus Obsidian vorüber.

Zum Vulkansystem des Torfajökull gehört auch die 30 Kilometer weiter östlich verlaufende *Eldgjá* («Feuerschlucht»). Auf einer Strecke von etwa 40 Kilometer Länge bildet sie eine bis zu 200 Meter tiefe Vulkanspalte, die vor etwa zweitausend Jahren entstand, um 934 noch einmal aufriß und Hunderte von Quadratkilometern östlich des Mýrdalsjökulls mit Lava überzog.

Mývatn Dieser in seiner Umgebung mit Naturwundern reich gesegnete Lavastausee, zu deutsch «Mückensee», zeigt bereits, wie man auch in Island eine Landschaft durch übermäßige Erschließung eines Teils ihrer Faszination berauben kann. Der gut 36 Quadratkilometer große See und die aus ihm gespeiste Laxá bilden ein wohl einzigartiges Brutgebiet seltener Enten auf dieser Erde. Hinzu kommen viele andere Wasservogelarten, die in dem nur bis zu vier Meter tiefen, überwiegend aus Grundwasser gespeisten Gewässer ein überreiches Nahrungsangebot finden. Nur wenige Kilometer nordwestlich des Sees liegt das *Krafla*-Hochtemperaturfeld. Die älteste bekannte Ausbruchsphase des aktiven Vulkansystems der Krafla begann vor 12 000 Jahren im Explosionskrater *Lúdent*, wo 1969 NASA-Astronauten die erste Begehung des Mondes übten. Die Explosion des *Hverfjall* vor rund 2800 Jahren und das Aufbrechen der Kraterreihe *Þrengslaborgir* vor 2000 Jahren markieren weitere aktive Perioden, deren 220 Quadratkilometer bedeckende Lavafelder die bizarren *Dimmuborgir* («dunkle Berge») und die natürliche Staumauer für den Mývatn aufwarfen. 1975 begannen die sogenannten «Krafla-Feuer», eine neunjährige Ausbruchsphase, in der aus einer 7,5 Kilometer langen Vulkanspalte rund 300 Millionen Kubikmeter Lava gefördert wurden. Diese vielfältigen vulkanischen Erscheinungen und besonders das ehemals zum Abbau von Schwefel genutzte Solfatarenfeld am *Námafjall* («Minenberg»), wo sich gleich neben der Ringstraße bequem ein Blick in die brodelnde und nach Schwefel stinkende Hölle unter den Füßen der Besucher werfen läßt, sind seitdem touristische Hauptattraktionen Islands geworden.

Vor allem für seine reiche Vogelwelt ist der idyllische Mývatn, der «Mückensee», berühmt, der seinem Namen alle Ehre macht: Die meisten der unvorstellbar vielen Mücken stechen jedoch nicht.

Reykjanes Auf der kargen, nur aus Lavafeldern bestehenden Halbinsel Reykjanes gleich vor den Toren des internationalen Flughafens können Neuankömmlinge ihr erstes Solfatarenfeld bei *Krísuvík* besichtigen, das ebenfalls grün und opalblau gefärbte, wassergefüllte Maare, eine hochaufzischende Dampfsäule und kochende Schlammtöpfe vorweist. Sodann kann man gleich neben den futuristisch verchromten Schloten des Erdwärmeheizwerks von Svartsengi in dem milchig blauen, vom Kraftwerk auf Badetemperatur herabgekühlten Wasser der *Blauen Lagune* entspannen, das heilsame Wirkung auf Hauterkrankungen ausübt. Die verborgenen Schönheiten dieser spröden Halbinsel lassen sich jedoch nur bei ausdauernderen Spaziergängen zwischen ihren Lavaklüften erkunden.

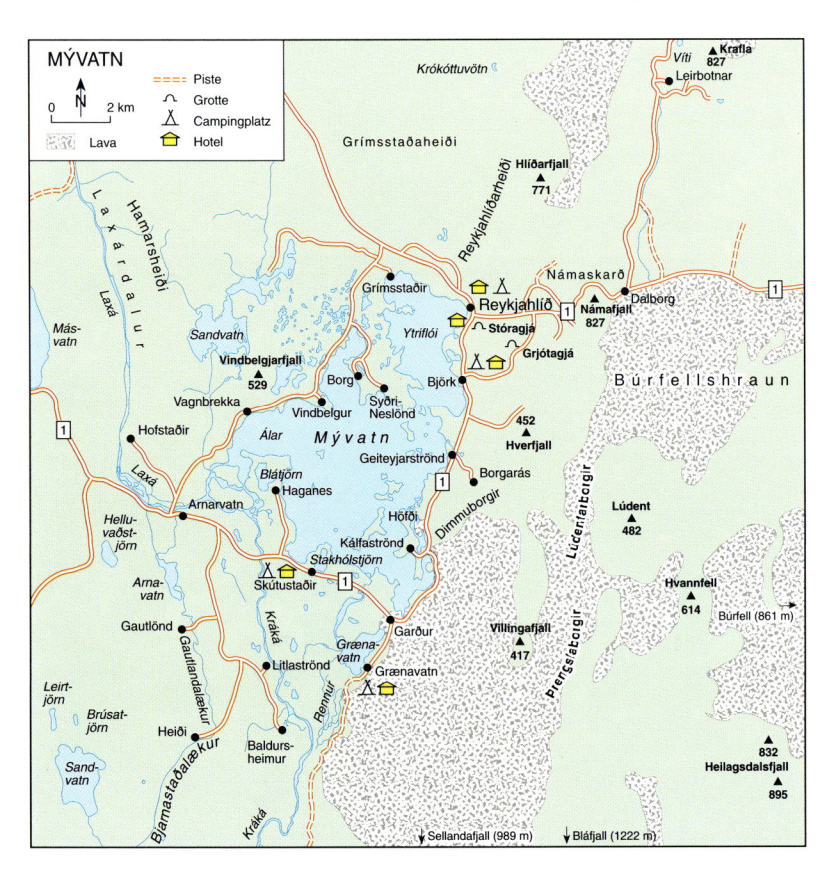

Reykjahlíð ist das touristische Zentrum am Mývatn. Von hier aus lassen sich Ausflüge zu den Solfatarenfeldern des Námaskarð (rechts oben) unternehmen. Man sollte sich aber auch das 1972 errichtete Kirchlein des Ortes ansehen, dessen Vorgängerbau von den Lavaströmen des großen «Krafla-Feuers» (1724 – 1729) auf wundersame Weise verschont blieb (rechts unten).

Reykjavík 1683 war in Island das Amt eines Landesvogts (*landsfógeti*) als Vertreter des Königs eingerichtet worden. 1750 wurde mit Skúli Magnússon erstmals ein Isländer mit diesem höchsten Amt betraut. Er nahm seinen Sitz auf der kleinen Reykjavík vorgelagerten Insel *Viðey*, wo er das erste gemauerte Steinhaus des Landes errichten ließ. (Es ist noch heute zu besichtigen und beherbergt außer einem Restaurant eine erlesene kleine Sammlung alter Bücher, die von der dort eingerichteten Druckerei hergestellt wurden.) Skúli gründete eine eigene Handelsgesellschaft mit Sitz im damals noch völlig unbedeutenden Reykjavík vor seiner Haustür. Als ein Regierungsausschuß in Kopenhagen nach der katastrophalen Verwüstung der Insel in Folge des Laki-Ausbruchs von 1783 die Einrichtung von sechs festen Handelsplätzen beschloß, wurde Reykjavík in diesem Beschluß bereits an erster Stelle genannt. 1786 erhielten seine 167 Bewohner Stadtrecht. Als die Isländer im 19. Jahrhundert ihr zähes Ringen um die Unabhängigkeit begannen, ersahen sie bald diesen Wohnort ihres nach der Überlieferung in der «Landnámabók» ersten Siedlers, Ingólfur Arnarson, zu ihrer zukünftigen Hauptstadt aus. Seitdem war und ist das mittlerweile mehr als 100 000 Einwohner beherbergende Reykjavík unumstritten das politische, wirtschaftliche

Bau ein äußerst gelungenes Beispiel für ein repräsentatives und sich zugleich in seiner Architektur den Bürgern öffnendes öffentliches Gebäude geworden ist. Einen ähnlich gelungenen Wurf stellt die gläserne Kuppel dar, die ebenfalls zu Beginn der neunziger Jahre den aluminiumverkleideten Heißwassertanks auf dem Hügel *Öskjuhlið* aufgesetzt wurde. Von dem sich drehenden Restaurant *Perlan* in ihrer Spitze und den rundumlaufenden Plattformen hat man einen hervorragenden Ausblick auf die Stadt, die umliegenden Fjorde und Berge. Gut geeignet, sich einen Überblick über die Innenstadt zu verschaffen, ist auch der 73 Meter hohe Turm der *Hallgrímskirche* auf einem Hügel mitten im Zentrum. Zudem entgeht man dadurch dem zweifelhaften Vergnügen, das Stilmischmasch dieses 1945 bis 1995 errichteten nationalen Monuments betrachten zu müssen, dessen Ostchor Sacré-Cœur in Paris und dessen Westfassade in nacktem Beton isländischem Säulenbasalt nachempfunden ist. Ästhetisch befriedigender ist ein Besuch im Nordischen Haus *(Norræna húsið)*, einem gemeinsamen Kulturinstitut der Nordischen Länder, das 1961 von dem finnischen Architekten Alvar Aalto gebaut wurde und außer einer Bibliothek eine Cafeteria mit sämtlichen wichtigen Tageszeitungen Skandinaviens und einen schönen Blick auf die Stadt und das dahinterliegende Bergpanorama

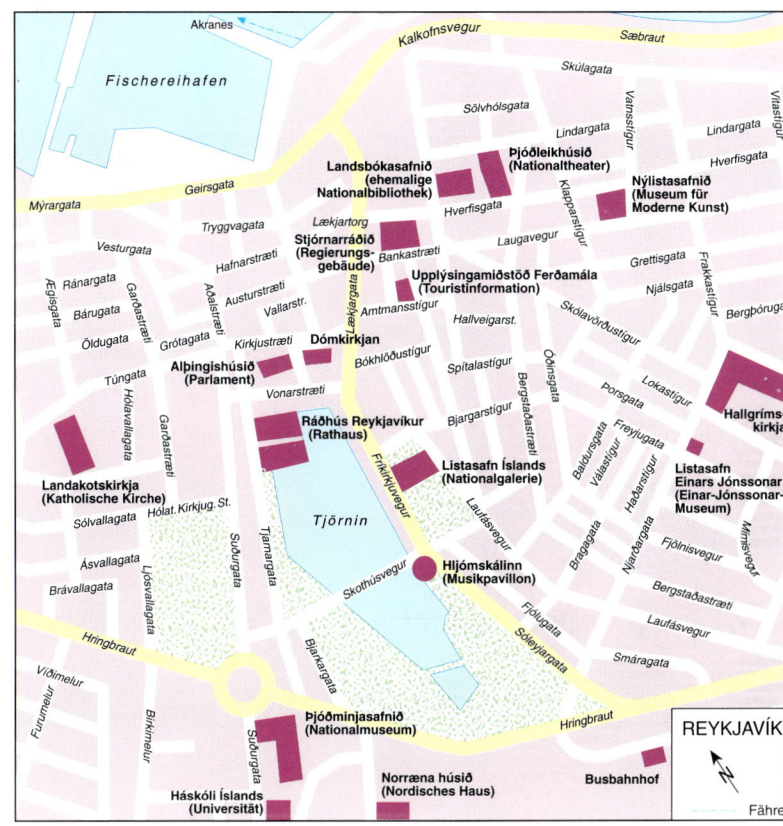

und kulturelle Zentrum des Landes. 1881 erbauten die Isländer dort neben der 1796 geweihten *Domkirche* ihrem Parlament, dem Althing, ein neues Gebäude, *Alpingishúsið*, von dem bis heute nicht die Initialen des einzigen Königs entfernt wurden, der Island jemals besucht hat. Als dem Land 1904 autonome Selbstverwaltung zugestanden wurde, bezog die erste Regierung das 1770 aus Stein erbaute ehemalige Gefängnis am Lækjartorg, von wo sie bis heute die Amtsgeschäfte führt und ab und zu ein wenig neidisch auf die großzügigen, hellen Büros der Stadtverwaltung im neuen *Rathaus* blickt. Obwohl die bis in den Stadtteich *Tjörnin* hineinwachsende Baustelle anfangs von den Reykwikingern mißtrauisch beargwöhnt wurde, muß man im nachhinein feststellen, daß dieser moderne

Bis zur Jahrhundertwende dehnte sich Reykjavík nur auf der schmalen Landzunge zwischen dem Meer und dem Stadtteich Tjörnin aus. Vor allem moderne Gebäude beherrschen heute die Silhouette der Hauptstadt (links oben). Als architektonische Meisterleistung der jüngsten Zeit wird die Überkuppelung der städtischen Heißwassertanks gefeiert. Sehenswert ist auch das Innere der Glaskonstruktion (links unten).

Fortsetzung Seite 170

DIE LETZTE KÜSTE: WANDERN IN DEN WESTFJORDEN

Die dünnbesiedelten, streckenweise menschenleeren isländischen Westfjorde gelten als eines der reizvollsten Wandergebiete der Insel.

An seiner Nordwestspitze ist Island eine Halbinsel aufgesetzt, verzweigt wie ein Rentiergeweih und nur auf zwei Schotterstraßen über einen schmalen Isthmus zu erreichen. Im späteren Mittelalter, als weite Wege rund um die Insel noch häufiger mit großen, seegängigen Ruderbooten als über Land zurückgelegt wurden, wohnten in diesem Landesteil die reichsten Bauern, die Island jemals hervorgebracht hat. Die 1402 eingeschleppte Pest und besonders das seit dem 17. Jahrhundert verstärkt durchgesetzte Handelsmonopol der Dänen bedeuteten jedoch auch für diese Gegend den wirtschaftlichen Niedergang. Erst in der Periode zwischen den beiden Weltkriegen unseres Jahrhunderts gab es mit der Erschließung neuer Fanggründe durch motorgetriebene Trawler noch einmal eine hektische, aber kurze Blütezeit, das «Große Heringsabenteuer». Die Weltwirtschaftskrise und schließlich das Ausbleiben der Heringsschwärme bereiteten allen Träumen vom industriellen Aufbau in den Westfjorden bald ein vorzeitiges Ende. Heute ist die Region von den Ruinen verlassener Höfe ge(kenn)zeichnet. Auf der mehr als 12 000 Quadratkilometer großen Halbinsel leben weniger als 10 000 Menschen, die Hälfte von ihnen allein in den drei größten Ortschaften.

In Islands wohl schönstem Kinofilm «Börn nátturunnar» («Children of nature») aus dem Jahr 1991 setzen die beiden Protagonisten durch treibende Nebelfetzen in die Westfjorde über, damit sie in dieser halb jenseitigen, nebelfeuchten Welt einen würdigen Tod finden.

Bei etwas besserer Sicht läßt sich jedoch in herrlichen Ausblicken über die langgestreckten Fjorde allmählich die herbe Schönheit dieser kargen und oft so kühlen, ja lebensfeindlichen Landschaft entdecken. Tektonisch besteht sie aus einem einzigen Hochplateau, von Südost nach Nordwest von 400 auf 700 Meter ansteigend. An den Kanten fallen aus Basaltlagen aufgeschichtete Steilkliffs Hunderte von Metern senkrecht in die Tiefe und bilden die größten Vogelberge der nördlichen Erdhalbkugel: Látrabjarg, Hornbjarg und Hælavíkurbjarg. Allein die Zahl der dort während der Sommermonate brütenden Lummen, Alken und Papageitaucher überschreitet jeweils die Millionengrenze.

Andernorts haben schmelzende Eiszeitgletscher in diese ältesten Gesteine Islands tiefe, U-förmige Trogtäler gegraben, die sich wie Fangtrichter für sibirisches Treibholz zu Fjorden öffnen. Nur auf schmalem Saum an ihren Ufern und angeschwemmten Geröll- oder Sandbänken ist überhaupt menschliche Besiedlung möglich. Straßen winden sich ebenfalls zumeist die engen Fjorde entlang, so daß sich die Wegstrecke allein durch das etwa 50 Kilometer tiefe Ísafjarðardjúp auf bald 200 Kilometer summiert. Die Hochflächen sind hingegen menschenleer und über weite Strecken nur von Moos oder Flechten bewachsen. Und doch – oder gerade deshalb – stellen die Westfjorde eine der reizvollsten Herausforderungen für Wanderer dar.

Schöne Spaziergänge zum Einlaufen mit herrlichem Blick über das ständig seine Beleuchtung wechselnde Meer und zahllosen Möglichkeiten zur Beobachtung von Vögeln und Seehunden kann man entlang der sich über 14 Kilometer hinziehenden Steilküste beim Vogelfelsen Látrabjarg oder auf dem sich östlich anschließenden Rauðasandur unterneh-

In den Westfjorden, auf der kargen und menschenleeren Halbinsel im Nordwesten Islands, erwarten den Wanderer grandiose Landschaften, aber auch nicht zu unterschätzende Gefahren: Hier ist man auf sich allein gestellt.
1 Am Vogelfelsen Hornbjarg. – 2 Bei Hornvík. – 3–5 Eine gute Ausrüstung ist für Touren in Island unerläßlich.

men. Diese weitgeschwungene und von steilen Felswänden umstandene Bucht verdankt ihren Namen («Roter Sand») einem zwölf Kilometer langen, unberührten Strand aus hellem Liparit- und Muschelsand, wie es ihn selten auf der Insel gibt. Wem jedoch das Geschrei der Seevögel zuviel Ablenkung von der Stille bedeutet, der sollte einmal eine der kargen, kaum bewachsenen Hochflächen überqueren, wo nur ab und zu der wehmütige Flötton eines Goldregenpfeifers über die Heide weht. In vier bis fünf Stunden lassen sich zum Beispiel die 15 Kilometer vom Hof Tungumúli an den Barðaströnd über die Fossheiði zu einem der Seitenfjorde am landschaftlich schönen Arnarfjörður bewältigen.

Nur bei wirklich guter Sicht und einer günstigen Wettervorhersage sollte man sich von Kaldalón auf der Nordseite des Ísafjarðardjúps auf eine Tageswanderung über die Steilhänge seitlich des Talgletschers auf den flachen Schild des Drangajökull bis zu dem 851 Meter hohen Nunatak Hrolleifsborg oder auf die höchste Eiskuppe Jökulbunga (925 m) begeben. Der Drangajökull ist eine Wetterscheide und für plötzliche Witterungsumschwünge berüchtigt. Doch nicht nur hier ist Umsicht angesagt: Für alle Touren in den Westfjorden sind eine belastbare psychische Verfassung, körperliche Ausdauer und eine gute Ausrüstung (in dieser Reihenfolge) unabdingbare Voraussetzungen.

Höhepunkt einer jeden Wanderreise in die Westfjorde dürfte unbestritten ein Aufenthalt an den Hornstrandir im äußersten Norden der Halbinsel sein. In den dreißiger Jahren lebten rund fünfhundert Menschen auf Einzelhöfen über diese bald 600 Quadratkilometer große Küstenregion verstreut; 1952 gab der letzte Bauer seine Wirtschaft auf, und 1975 erklärte man die ganze menschenleere Küste ohne Weg und Steg zum Naturschutzgebiet. Heute kann man die zahlreichen Buchten dort überhaupt nur von Mitte Juni bis Mitte August mit der schon etwas betagten Fähre «Fagranes» von Ísafjörður aus erreichen. Nachkommen der ehemaligen Bauern haben sich vereinzelt, besonders in der Bucht Aðalvík, die alten Häuser als Sommersitze wiederhergerichtet, und in Hornvík ist durch die steigende Zahl von Wanderern, die sich dort mit dem Schlauchboot der «Fagranes» an Land setzen lassen, inzwischen eine Art wilder Zeltplatz entstanden. Von dort aus kann man entweder in mehreren Tagesetappen zurück nach Aðalvík wandern, oder man unternimmt Tageswanderungen in die nähere Umgebung, etwa auf die Vogelberge Hornbjarg oder Hælavíkurbjarg, die tatsächlich wie Hörner an den äußeren Enden der großen Bucht vorspringen, oder zum 1930 erbauten Leuchtturm Hornbjargsviti. Erst nach dem harten und schneereichen Winter 1995 hat man ihn auf automatischen Betrieb umgestellt. Bis dahin harrte noch immer ein einsamer Leuchtturmwärter die dunklen Winter über ganz allein auf diesen sturmumtosten Klippen am Polarkreis aus. Bezeichnenderweise gab es nie Schwierigkeiten, unter den Isländern genügend Bewerber für diesen Posten zu finden.

Karl-Ludwig Wetzig

Oben: Perfekt an Islands wasserreiche Landschaften angepaßt – das raffinierte Amphibienfahrzeug wird als Ausflugsboot auf dem Gletschersee Jökulsárlón am Fuß des Vatnajökull eingesetzt.

Unten links: An der Rückseite dieses Hauses im Freilichtmuseum Glaumbær läßt sich gut erkennen, wie die ausgestochenen Grassodenstücke einst zum Hausbau verwendet wurden.

Unten rechts: Das 1979 errichtete Denkmal oberhalb von Seyðisfjörður ist Thorbjörn Arnoddson, dem ersten Briefträger der Region gewidmet, der auch im Winter zu Pferd auf den steilen und nicht ungefährlichen Pfaden regelmäßig die Fjardarheiði-Berge durchquerte.

bietet. Auch die Reykjavíker Kunstmuseen lohnen den Besuch; die beiden wichtigsten sind die Nationalgalerie für moderne Kunst, *Listasafn Íslands*, am Ostufer des Tjörnin sowie die nach Islands berühmtestem Maler, Jóhannes S. Kjarval, benannten *Kjarvalsstaðir*, die städtische Kunstgalerie, an der großen Ausfallstraße Miklabraut. Für kulturhistorisch Interessierte empfiehlt sich außer dem Nationalmuseum *Þjóðminjasafnið* gegenüber der 1994 eingeweihten neuen *Universitäts- und Nationalbibliothek* und dem *Freilichtmuseum Árbær* ein Besuch in dem kleinen medizingeschichtlichen Museum in der sogenannten *Nesstofa* beim Leuchtturm auf der Halbinsel Seltjarnarnes.

Diese Auswahl von Sehenswürdigkeiten deutet bereits an, daß Reykjavík heute eine, wenn auch kleine, Metropole mit hoher Lebensqualität ist. Es gibt vier feste Theater mit rund siebenhundert Aufführungen im Jahr, an die fünfhundert Opern- und Konzertveranstaltungen jährlich und 24 Kinosäle, von denen einige so groß und gut ausgestattet sind, daß sie für die Weltpremiere internationaler Spielfilme ausgewählt werden. Die Restaurant- und Kneipenszene ist seit der Erlaubnis des Bierausschanks 1989 so im Aufblühen begriffen, daß man Mühe hat, auf dem laufenden zu bleiben, welches Lokal gerade «in» ist. Bei all dem hat Reykjavík noch den Vorzug, eine ungewöhnlich saubere Stadt geblieben zu sein. Das beginnt bei der immer noch unglaublich klaren Luft, die vom stets wehenden Meereswind regelmäßig ausgetauscht und von keinem Kamin verunreinigt wird – denn alle

Haushalte werden mittlerweile mit geothermischer Fernwärme und Heißwasser versorgt – und endet noch lange nicht mit der Tatsache, daß Reykjavík die einzige Metropole der Welt ist, in deren Stadtgebiet sich noch Lachs angeln läßt.

Seyðisfjörður ist trotz seiner geringen Größe vielen Islandreisenden ein Begriff, weil in diesem geschützten Hafen im gleichnamigen, von hohen Bergen umstandenen Fjord während der Sommermonate die einzige Autofähre anlegt, auf der man mit dem eigenen Wagen die Insel erreichen kann. Nur so läßt sich auch erklären, daß an einem der hübschen Holzhäuser aus der Gründerzeit dieser 860-Seelen-Gemeinde ein deutsches Konsulatsschild prangt. Wenn sich die Luft im Fjord staut, wird man jedoch vom «Duft» aus der ortsansässigen Fischmehlfabrik eindringlich daran erinnert, daß Seyðisfjörður außer vom Tourismus auch immer noch von der Fischverarbeitung lebt, selbst wenn die großen Tage des Fischfangs in den Ostfjorden heute vorüber sind.

Skaftafell ist eine wohl einzigartige landschaftliche Oase in einem riesigen Gebiet, das nicht umsonst einfach nur *Öræfi* («Wüste») genannt wird und sich als unfruchtbare schwarze Sanderebene über Hunderte von Quadratkilometern am Südrand des Vatnajökull erstreckt. Im Wind- und Niederschlagsschatten des Gletschers konnte sich auf einem nach Süden abfallenden Höhenrücken zwischen zwei Talgletschern eine klimatisch begünstigte und von allen Gletscherläufen aus den vulkanisch sehr aktiven *Grímsvötn* verschonte Vegetationsinsel erhalten – mit einem Areal von 1700 Quadratkilometern Islands größter Nationalpark. Von dem Zeltplatz am Fuß des Nationalparks hat man einen herrlichen Blick auf Islands höchsten Berg, den *Öræfajökull* mit dem 2119 Meter hohen Gipfel Hvannadalshnúkur. Im Park gibt es auf markierten Pfaden (die man wegen der empfindlichen Vegetation wirklich nicht verlassen sollte!) Gelegenheit zu Wanderungen jeglicher Schwierigkeitsgrade. Eine Attraktion ersten Ranges bildet auch die Fahrt mit einem Amphibienboot zwischen den treibenden Eisbergen auf dem 57 Kilometer entfernten Endmoränenstausee *Jökulsárlón*.

Skagafjörður Dieser Fjord, in dem sich wichtige Episoden der isländischen Geschichte abgespielt haben, beherbergt noch heute zwei Gehöfte, die einen Besuch unbedingt lohnen: Auf *Hólar* wurde 1106 Islands zweites Bistum eingerichtet, das bis 1798, also fast siebenhundert Jahre lang Bestand hatte.

Nach Einführung der Reformation übersetzte Bischof Guðbrandur Þorláksson hier die Lutherbibel ins Isländische und ließ sie durch die klostereigene Druckerei verbreiten. 1763 wurde die bis heute stehende Domkirche geweiht. In der Landwirtschaftsschule, die in Hólar eingerichtet ist, konzentriert man sich besonders auf Fragen der Pferdezucht – ist der Skagafjörður doch das traditionelle Zentrum der Islandpferdezucht. Sehenswerte Zeugnisse der Vergangenheit sind auch die kleine Kirche von *Víðimýri* aus dem Jahr 1835 und besonders der schon im 18. Jahrhundert wie die Kirche aus Grassoden errichtete Hof *Glaumbær*, der noch bis in unser Jahrhundert hinein bewohnt war und jetzt als Museum ein sehr anschauliches Bild von den höchst einfachen Lebensverhältnissen selbst bessergestellter Bauern in Island vermittelt.

Oben und unten: Die im 18. Jahrhundert erbaute Domkirche von Hólar erinnert an die große Bedeutung, die dieser Ort von 1106 bis 1798 als Bischofssitz und geistiges Zentrum des Landes besaß. Der letzte katholische Bischof Islands, der bis heute verehrte Jón Arason, richtete hier 1530 die erste Druckerei Islands ein, aus der auch das größte Werk isländischer Buchdruckkunst, die Guðbrands-Bibel von 1584, stammt.

Ein Großteil der isländischen Verkehrswege sind Pisten oder Schotterstraßen, die nach starken Regenfällen schnell unpassierbar werden. Hier eine Paßstraße auf der Snæfellsnes-Halbinsel.

Snæfellsnes Viele Isländer halten diese Halbinsel ganz im Westen für eine von magischen Kräften beherrschte Gegend, und in der Tat kann einem die zuweilen leuchtende, zuweilen bizarre Schönheit dieser Landschaft magisch vorkommen. Bei klarem Wetter sieht man schon von Reykjavík aus, wer diese weit ins Meer hinausragende Halbinsel wirklich beherrscht: der majestätische, weiß vergletscherte Gipfel des seit 2000 Jahren ruhenden Vulkans *Snæfellsjökull* (1446 m). Erst 1753 wagten sich zwei aufgeklärte isländische Naturforscher erstmals auf seinen Gipfel, in dessen Kratermulde Jules Verne noch 1864 den Einstieg für eine «Reise zum Mittelpunkt der Erde» vermutete. Vom kleinen Hafenort *Arnarstapi* auf seiner Südostseite aus schrumpft dieses Bergabenteuer heutzutage mit Hilfe von Motorschlitten zu einem Ausflug von wenigen Stunden. Stapi ist jedoch auch geeigneter Ausgangspunkt für einen Spaziergang entlang der Steilküste nach Westen, wo an den Küstenfelsen Dreizehenmöwen brüten. Eissturmvögel, Lummen und andere Seevögel lassen sich hingegen in den beiden Vogelfelsen der *Lóndrangar* beim Leuchtturm Malarrif beobachten. Mystisch wird die Stimmung, besonders, wenn tiefhängende Nebel- oder Regenschleier Gletscher und Meer einhüllen, in den einsamen Buchten des *Djúpalónssandur* an der äußersten Spitze der Halbinsel. In dem kleinen Hotel *Búðir*, inmitten von Lava und Dünen am Rand eines der wenigen goldgelben Sandstrände Islands gelegen, lassen sich diese Eindrücke in Ruhe verarbeiten, ehe man über die Bergkette östlich des Gletschers zur landschaftlich völlig anders gearteten Nordküste von Snæfellsnes aufbricht. Nicht zu Unrecht wird behauptet, die Halbinsel bilde die isländischen Küsten in verkleinertem Maßstab nach: weite sandige Strände mit einigen Steilkliffs im Süden, tief ins Land schneidende Fjorde im Norden. Die schönsten von ihnen liegen gleich nebeneinander: *Grundarfjörður* mit dem charakteristisch geformten Einzelberg

Oben: Modernste Architektur vor den Toren des Hafenstädtchens Stykkishólmur – die Kirche aus dem Jahr 1991.

Mitte: Über mehrere Terrassen ergießt sich der mächtige Wasserfall bei Seyðisfjörður.

Unten: Bei Búðir im Süden der Halbinsel Snæfellsnes. Von hier aus kann man eindrucksvolle Touren, wie etwa zu den Vogelfelsen, unternehmen.

Kirkjufell («Kirchenberg», 463 m) und *Kolgrafarfjörður*, der «Kohlengräberfjord», aus dessen rot-, ocker- und grüngefärbten Geröllhalden früher einige Braunkohlesedimente gegraben wurden. Einer der hübschesten und ältesten Orte Islands liegt in einem eigenen Schärengarten auf der nächsten flachen Halbinsel: *Stykkishólmur*. Der von einer mächtigen Klippe geschützte Hafen machte die Stadt schon früh zu einem beliebten Stapelplatz, an dem heute noch einige alte Häuser aus dem frühen 19. Jahrhundert liebevoll instand gehalten werden. Heute leben die rund 1300 Einwohner vor allem von der Krabben- und Schalentierverarbeitung.

Vestmannaeyjar (Westmännerinseln) Wenn Island selbst schon eine abgelegene und in manchem seltsame Insel ist, wie eigentümlich mögen dann erst diese (derzeit) 15 Inselchen, achtzig größtenteils unterseeischen Vulkankrater und zahlreichen Klippen vor seiner Südküste – und deren knapp 5000 Bewohner – beschaffen sein? Die Tatsache, daß sie ihren eigenen Nationalfeiertag Anfang August jeweils eine ganze Woche lang feiern, hat ihnen unter den «Restisländern» den Ruf eines besonders festfreudigen Völkchens eingetragen, obwohl ihnen die sie umgebende Natur manchmal nicht viel zu lachen gibt. Zwei Vulkankegel, Helgafell (226 m) und Eldfell (221 m), recken zur steten Warnung ihre Stümpfe aus rotschwarzer Asche auf der einzigen bewohnten Insel, *Heimaey*, empor; und die beiden letzten Ausbrüche, der von 1963 bis 1967, bei dem sich die neue Insel *Surtsey* aus dem Meer hob, und der von 1973, in dem mehr als 360 der insgesamt 1200 Häuser auf Heimaey unter 25 Millionen Kubikmeter Asche und Schlacke begraben wurden, sind noch nicht aus dem Gedächtnis der Weltöffentlichkeit verschwunden. Zwar ist die Datierung ältester Siedlungsreste im *Herjólfsdalur* auf eine Zeit noch vor der Besiedlung Islands umstritten, aber daß die vielleicht nach entflohenen irischen Sklaven benannten Westmännerinseln von frühester Zeit an ständig bewohnt waren, ist eine gesicherte Tatsache, die sich mit ihrer Lage in der Nähe ungemein reicher Fischbänke begründen läßt. Eine zusätzliche willkommene Ergänzung des Speisezettels bieten seit alters die Brutkolonien von über dreißig Seevogelarten, allein derentwegen sich ein Abstecher zu den Inseln lohnt.

Vík Islands südlichster Ort mit 330 Einwohnern liegt in einer fast heroisch zu nennenden Landschaft. Vor sich den offenen Ozean, zu beiden Seiten die endlosen schwarzen Einöden von Mýrdals- und Skógasandur und im Rücken den unter dem 750 Meter mächtigen Eis des Mýrdalsjökulls lauernden Vulkan Katla. Hauptsehenswürdigkeit bei Vík ist aber das mit einem Portalfuß im Meer stehende gewaltige Felsentor von *Dyrhólaey* (120 m). Diese auffällige Landmarke, die von einem Leuchtturm gekrönt wird, war lange Islands südlichster Punkt. Inzwischen reicht jedoch ein Ausläufer des Mýrdalssanders weiter hinaus. Das andere Wahrzeichen von Vík sind die spitzen Felsnadeln der *Reynisdrangar* mit ihren Vogelkolonien vor dem Ortsstrand.

Þingvellir ist die «heilige Stätte der Nation». Was immer in Island seit der Gründung des Althings 930 an bedeutungsvollen politischen oder historischen Ereignissen inszeniert wurde, spielte sich auf dieser unnachahmlichen Naturbühne ab. Als der sechzigjährige Gesetzessprecher Úlfljótur Þóruson damals mit einer Sammlung von Gesetzen aus Norwegen zurückkehrte und den Isländern diese weite Ebene an Islands mit 87 Quadratkilometern größtem See, dem Þingvallavatn, als zentralen Versammlungsplatz wies, hätte er keinen geeigneteren Ort finden können. Außer den rein praktischen Vorzügen leichter Zugänglichkeit aus allen Landesteilen, genügend Gras für viele Pferde, Wasser und Raum für Zelte und

Der von alters her durch steile Klippen gut geschützte Naturhafen der Westmännerinsel Heimaey wurde durch den Vulkanausbruch von 1973 noch sicherer gemacht: Die hoch aufgetürmten neuen Lavamassen stellen zusätzlich eine Barriere gegen den Nordostwind dar.

Buden gab es hier auch jene Schlucht mit den ungleich hohen Wänden, von denen die eine als akustische Verstärkung diente, wenn der Gesetzessprecher von einem Vorsprung auf der anderen, dem «Gesetzesfelsen» *(Lögberg)*, den Versammelten unten zu Beginn des Things aus dem Gedächtnis die nur mündlich bewahrten Gesetze verkündete. Da angeblich alle rechtsfähigen Männer Islands in dieser Schlucht Platz fanden, nannte man sie *Allmannagjá*, «Allmännerschlucht». Die gesamte Freistaatzeit hindurch wurden hier alljährlich zwei Sommerwochen lang politische Kompromisse ausgehandelt, juristische Streitfälle entschieden und neue Gesetze mit Mehrheit angenommen. Natürlich waren diese Treffen für die ansonsten verstreut lebende Bevölkerung daneben auch Handels- und Neuigkeitenmessen, auf denen man Ereignisse aus dem In- und Ausland in Erfahrung bringen, alte Freunde treffen und neue Heiraten verabreden konnte. Der isländische Freistaat kannte keine Todesstrafe; doch in dunkleren Zeiten des späteren Obrigkeitsstaats wurden in einer natürlichen Vertiefung der durch die Schlucht fließenden Öxará Ehebrecherinnen ertränkt, an einem Galgenfelsen Diebe erhängt und in einer kleineren Schlucht Zauberer verbrannt. Mit Wiedererwachen eines eigenen Nationalgefühls erinnerte man sich im 19. Jahrhundert an die symbolische Bedeutung des alten Þingvellir. 1874 begingen die Isländer hier die Tausendjahrfeier der Entdeckung ihrer Insel, 1930 feierte man das tausendste Jahr seit der Gründung des Althings, und am 17. Juni 1944 wurde an diesem Ort – wie es sich für Island gehört, bei Wind und strömendem Regen – die unabhängige Republik ausgerufen. Erst im 20. Jahrhundert konnte man erkennen, daß die Allmännerschlucht auch erdgeschichtlich ein bedeutsamer Ort ist, denn sie verdankt ihr Entstehen dem Grabenbruch zwischen den Kontinentalschollen. Kein Wunder also, daß die Ebene von Þingvellir 1928 zum ersten isländischen Nationalpark erklärt wurde.

Þjórsárdalur Im Einzugsbereich von Islands längstem Fluß, der vom Hochland zur Küste 230 Kilometer zurücklegenden Þjórsá, liegt, begonnen bei dem landschaftlich schönen Tal des unbegradigten Flusses selbst, eine ganze Reihe sehenswerter Ziele. Immer wieder fällt der Blick von dort auf den gekrümmten Raubtierrücken der *Hekla* (1491 m). Seit 1104 ist sie siebzehnmal ausgebrochen, fast jedesmal ohne Vorbeben oder andere Warn-

Oben: Wie die Touristen zieht es auch die Reykjaviker in ihrer Freizeit in die Natur. An vielen Orten entstehen daher – wie hier bei Vík – kleine Hüttensiedlungen als Wochenend- und Ferienunterkünfte.

Unten: In der von vielen kleinen Erdspalten durchzogenen Ebene von Þingvellir wächst Island durch das Auseinanderdriften der Kontinentalschollen. So liegen die Ränder der Allmännerschlucht heute gut 20 Meter weiter auseinander als im Jahr 930, in dem das Althing hier erstmals zusammentrat.

zeichen. Zuletzt trat die Hekla 1991 in Aktion und überraschte ausgerechnet einige Geologiestudenten, die auf dem Weg zu ihrem Gipfel waren. Sie kamen mit dem Schrecken davon, sollen jedoch rasch das Studienfach gewechselt haben. 1939 gruben Archäologen im Seitental der Rauðá die Überreste eines 1104 verschütteten Hofes aus der Asche. Anläßlich der Elfhundertjahrfeier 1974 wurde in der Nähe des Wasserfalls *Hjálparfoss* und des Kraftwerks am Berg *Búrfell* (669 m) eine Rekonstruktion dieses wikingerzeitlichen Hofes von Stöng errichtet. Sowohl die Originalfundamente an ihrem ursprünglichen Standort wie auch die Rekonstruktion sind heute zu besichtigen. Oberhalb des Búrfells breitet sich schon die fast vegetationslose Geröllwüste des isländischen Hochlands aus. Um so überraschter ist man, wenn man urplötzlich vor dem verborgenen Tal *Gjáin* mit seinen drei Wasserfällen und üppigen Blumenwiesen anlangt.

Þórsmörk verborgene und schwer zugängliche, aber nicht mehr unbekannte grüne Perle in einer Fassung aus drei sie umragenden blauweißen Gletschern. Bei der Anfahrt am Rand des Urstromtals des Markarfljót sind nicht weniger als ein Dutzend kleinerer und größerer Flußläufe zu durchqueren, aus deren tückischstem, der Krossá, schon viele Geländewagen und sogar Busse mit Hilfe eines stets bereitstehenden Bergungsfahrzeugs gerettet werden mußten. Vorher führt die holprige Piste, die nach starken Regenfällen selbst zum Bachbett wird, zunächst an dem in den letzten Jahrzehnten rasant vorangeschrittenen Talgletscher *Gígjökull* aus dem 1617 Meter hohen Eyjafjallajökull vorüber, auf dessen Gletscherzunge man nun schon unmittelbar neben dem die Straße erreichenden Gletschersee herumklettern kann. Einige Kilometer weiter verbirgt sich hinter einer engen Öffnung die *Stakkholtsgjá*. Auf dem Grund eines Bachbetts geht es immer tiefer in die sich trichterförmig verengende Schlucht hinein, deren 100 Meter senkrecht in die Höhe ragenden moosüberzogenen Wände sich am Ende zu einem gewaltigen Felsendom vereinigen, in dem ein Bach als sogenannte «Trolldusche» niedersprüht. Im eigentlichen Tal der Þórsmörk unterhält jeder der beiden isländischen Wandervereine seine Hütte samt Zeltplatz – für Bergwanderer gibt es hier unzählige Möglichkeiten zu ausgedehnten Touren.

Register

Kursive Seitenzahlen verweisen auf Abbildungen.

PERSONENREGISTER

Aalto, Alvar 167
Arason, Jón *171*
Árnason, Jón Gunnar *69*
Arnarson, Ingólfur 20, 166

Benediktsson, Einar 141
Bergsson, Guðbergur 19, 142
Bremen, Adam von 14, 15, 16, 19

Clairvaux, Herbert von 16

Derick, König von Dänemark *21*
Dicuil, irischer Mönch 20

Erich der Rote (Eirikur rauði) 20
Estridsen, Sven, dänischer König 14

Finnbogadóttir, Vigdís 21, *21*, 122, 141
Fjalla-Eyvindur 143, 149

Goden 20
Grettir der Starke 43
Grímsson, Ólafur Ragnar *21*, 122
Grímsson, Stefán Hörður 141
Guðmundsson, Tómas 141
Gunnarsson, Gunnar 141

Hallgrímsson, Jónas 141
Heusler, Andreas 17
Hlíðarendi, Gunnar von 99

Ingrid, Königin von Dänemark *21*
Iyer, Pico 63 f.

Jónsson, Ásgrímur *71*
Jónsson, Hjálmar 141

Kjartansson, Ragnar *69*
Kjarval, Jóhannes S. *70*, *71*, 141, *170*
Knebel, Walther von 143
Kveldulfsson, Skallagrímur 144

Laxness, Halldór 98, *99*, 142
Leif der Glückliche 20

Mackenzie, Sir George 67 f.
Magnússon, Skúli 166
Matvejević, Predrag 39

Nordau, Max 16

Ólafsson, Kjartan 144
Ortelius, Abraham *41*
Ósvífrsdóttir, Guðrún 40

Pétursson, Hallgrímur 141
Pytheas 20

Reck, Hans 143
Rudloff, Max 143

Schönhaar, Harald 40, *40*
Sigurðardóttir, Ásta 142
Sigurdsson, Jón *20*
Skallagrímsson, Egill 43, 144
Stefánsson, Jón *70*
Stefánssons, Davíð 141
Steinarr, Steinn 141
Sturlungen 20
Sturluson, Snorri 39, 146 f.
Sumarliðason, Sigurður 143
Sveinsson, Ásmundur *30/31*, *68*, *68/69*
Sveinsson, Jón («Nonni») *99*, 142

Thorarinsson, Sigurður 89
Thorbergsdóttir, Gudrun *21*
Thorhallson, Ministerpräsident *20*
Thorsteinsdóttir, Björg *71*
Tómasdóttir, Sigrídur 144
Tryggvason, Olav 20

Vad, Poul 98
Verne, Jules 172
Vilgerðarson, Flóki 13
Vilhjálmsson, Thor 142

Wegener, Alfred 115, 120
Wikinger 18, *19*, 41, 43, 120

Þórðarsson, Þórbergur 141
Þorgilsson, Ari 17
Þorláksson, Guðbrandur 141, 171
Þóruson, Úlfljótur 174 f.

ORTS- UND SACHREGISTER

Aðalvík 169
Akranes 54
Akureyri 142, *142/143*, *143*
Allmannagjá («Allmännerschlucht») 175
Althing 20, 21, 68, 99, 121, 149, 167, 174 f.
Arbeitslosigkeit 18
Arbeitsmarkt 18, 69
Arboretum in Hallormstaður 145
Architektur 28, *32/33*, *35*, *64*, 147, *154*, *155*, *162/163*, 167
Arnarfjörður 169
Arnarstapi *101*, *106/107*, 172
Ásbyrgi 148
Askja 115, 142 f., *142*
Auswanderung 20

Bárðabunga-Massiv 21, 90
Barðaströnd 169
Barnafoss 147
Bauernrepublik 41
Berufstätigkeit 18
Besiedlungsgeschichte 13 f., 16, 98
Bevölkerung 63, 123
Biskupstungur 143 f.
Blaue Lagune *36/37*, 166
Bolungarvík *13*, *108*, *109*, *112/113*
Borgarfjörður *48/49*, *55*
Borgarnes *105*, 144
Breiðafjörður 40
Breiðamerkurjökull *95*
Breiðárlón *74/75*
Breidavík *98/99*
Breiðdalsvík *160/161*
Búðir (Hotel) 172
Búrfell 176

Deildartunguhver 146
Dettifoss *126/127*, 147, *147*

Dimmuborgir 165
Djúpalónssandur 172
Djúpivogur *152/153*, *156/157*
Drangajökull 169
Dyrhólaey *86/87*, *121*, 174

Egilsstaðir 144 f., *144*
Eiszeit, Kleine 118
Eiszeitgletscher 168
Eldfell 174
Eldgjá 20, *149*, 165, *169*
Entdeckungsreisen 14, 16
Epidemien 20 f., 168
Erdwärme 116 f., 166
Erosion 93, 95 ff.
Eyjafjallajökull *80/81*, 176
Eyjafjöll *80/81*
Eyjafjörður 40, 120, *128/129*, *132/133*

Fagranes 147, 169
Faxafjörður 68
Faxaflói-Bucht *55*
Feste 174
Fjaðrárgljúfur 149
Fjallabaksleið 149, 165
Fjallsjökull *74/75*
Flateyjarbók *40*
Flateyri 65
Fossheiði 169
Fremdherrschaft 39

Geographie 13, 115
Geschichte 18, *19*, 20 f.
Gesellschaftsordnung 18, 41, 63, 69
Geysir, Großer *47*, *63*, 143
Gígjökull *116/117*, 176
Gjáin 176
Glaumbær *1*, *6/7*, *170*, 171
Gletscher *4/5*, *24*, *48*, *60/61*, *74/75*, *94*, *102/103*, 115, 117 f., *146*, 147, 149, 171, 176
Gljúfrabúi *14*
Goðafoss *125*
Golfstrom 119
Grassodenhäuser 18, 98, *128/129*

Grímsey 63 f., 145
Grímsvötn 92 f., 116, 149, 171
Grundarfjörður 172 f.
Gullfoss 143 f., 149

Hælavíkurbjarg 146, 168 f.
Hafnarfjörður 145
Hafragilsfoss 148
Hallormstaður 144 f.
Haukadalur 143
Heimaey 21, 65, *92/93*, 174, *174*
Heißwasserquellen 13, 14, 146, 149
Hekla 16, 20, 176
Helgafell 174
Herðubreið 143, *164*
Herðubreiðarlindir 143
Heringsabenteuer, Großes 122, 147
Herjólfsdalur 174
Hjálparfoss 176
Hljóðaklettar («Echofelsen») 148
Hnappadalur *110/111*
Hochlandexpeditionen 120
Höfn 93, 120, 145 f., *146*
Hólar 120, 171, *171*
Hornbjarg 146, 168 f., *168*
Hornbjargsviti 169
Hornstrandir 146, 169
Hornvík 146, 169, *169*
Hraunfossar *52/53*, 147
Hrútatunguháls *124*
Húnaflói 20
Húsafell 147
Húsavík *123*
Hvalfjörður *50*
Hvammsfjörður *118*
Hveradalur 149
Hveravellir *58, 59*, 97, 149
– Bláhver *60*
Hverfjall 165
Hvítá *52/53*, 147
Hvítárdalur 146 f.
Hvítárvatn 149

Individualismus 39, 41, 70
Ísafjarðardjúp 146, 147, 168 f.
Ísafjörður *146*, 147 f., 169
– Freilichtmuseum 147

Isländerbuch (Íslendingabók) 17, 20
Islandpferd *1*, 96, 120, *120, 125*

Jarlhettur 149
Jökulbunga 169
Jökulsá á Dal 144
Jökulsá á Fjöllum *94, 144/145*, 147
Jökulsárgljúfur 148, *169*
Jökulsárlón *2/3, 88, 169, 170*, 171

Kabeljaukriege 21, *21*
Katla 174
Kerlingarfjöll *16, 117*, 149
Kinderarbeit 18
Kirkjubæjarklaustur 148 f., *148/149*
Kirkjufell 173
Kjalvegur 149
Kjölur-Route *60/61*
Klima 21, 118 f.
Klischees 14, 16, 19, 63
Kolgrafarfjörður 173
Krafla *97, 115*, 117, 165
«Krafla-Feuer» 117, 165
Krísuvík *62*, 166
Krossá 176
Kultur 19, 39, 98, 141, 170

Lagarfljót 144
Lakagígar 148, 149
Laki-Spalte 21, 77, 89, 115, 148, 166
Landflucht *64, 65, 65*, 69, 146, 168, 169
Landmannalaugar *72, 73, 82, 84/85, 121*, 149, *149*, 165
Landnahmebuch (Landnámabók) 14, 20, 95, 166
Landnahmezeit 120, 123, 147, 148
Landsmót 120
Landwirtschaft 96
Langisjór *76*
Langjökull *60/61*
Látrabjarg 168
Laufás *128/129, 130, 131*
Laugavegur 165
Laxdæla saga *40, 40*, 41, 99, 144
Lebensstandard 18
Literatur 40, *40*, 65, 98, 141 f.

Lögberg 175
Lögurinn siehe Lagarfljót
Lóndrangar *8/9*, 172
Lúdent 165

Malerei *70, 71*
Markarfljót 176
Mittelatlantischer Rücken 117
Mitternachtssonne 145
Mýrdalsjökull 174
Mýrdalssandur 174
Mývatn 13, *16/17, 96, 121, 138/139, 140*, 165, *165*

Námafjall 165
Námaskarð *97, 134, 138/139, 140*, 166
Nationalparks 147 f., 171, 175
Naturkatastrophen 65, 68, 71, 89 f., 92 f., 123
– Erdbeben 143
– Lawinenunglücke 65
– Stürme 68, 89, 97, 119
– Vulkanausbrüche 20, 21, 65, 89 f., 92 f., *92*, 115 f., *115*, 142 f., 148, 149, 165, 166, 174, 176
Nordlicht *99, 114*

Obsidianfelder 165
Ódáðahraun *135*, 142
Öræfajökull 20, *74/75*, 171
Örlygsstaðir 20
Öskjuvatn 115, 143
Öxnadalur *136/137*
Ostgrönlandstrom 119

Papey *118, 150*
Pest 168
Pferdezucht 120, 171
Pflanzenwelt 95, 97, 117 ff., 121, *121, 135*, 146, 176
– Arktisches Weidenröschen 121
– Eberesche 119
– Engelwurz 121, 176
– Moos 121
– Moosbirke 119
– Weide 119, 146

Randarhólar 148
Rauðasandur 168 f.
Religion 20, 21
Reykholt 146 f.
Reykholtsdalur *51*
Reykjahlið *166*
Reykjanes *36/37*, 68, 166
Reykjavík 21, 23, *24/25, 26/27, 28, 29, 30/31, 32/33, 34, 35, 38, 39, 39*, 42, 43, 44, *45*, 63, 64, *64*, 65, 66 – 70, *66, 67*, 68, 69, 71, 117, 119, 166 f., *167*, 170 f.
– Alþingishúsið 167
– Ásmundur-Sveinsson-Museum *30/31*
– Domkirche 167
– Freilichtmuseum Árbær 22, *32/33, 34, 67*, 170
– Hafen *42, 43, 44, 167*
– Hallgrímskirche *29*, 167
– Kjarvalsstaðir (städtische Kunstgalerie) 170
– Lækjatorg *64*, 167
– Laugavegur 64
– Listasafn Íslands (Nationalgalerie für moderne Kunst) 170
– Nesstofa 170
– Norræna húsið 167
– Perlan *29, 38*, 167, *167*
– Rathaus 167
– Tjörnin *26/27*, 167
– Universitäts- und Nationalbibliothek 170
– Þjóðminjasafnið (Nationalmuseum) 170
Reynisdrangar 174
Rif *102/103*

Sagas 17, 18, 20, *40*, 43, 98 f., 141, 147
Schafzucht 96
Schwarzbrennerei 43, 63
Selardalur *65*
Seljalandsfoss *17, 80/81*
Seyðisfjörður *122, 122/123, 151, 154, 155, 162/163, 170*, 171
Sitten 41 ff., 63
Skaftafell *14*, 171

Skaftafellsjökull *4/5*
Skaftáreldhraun 148
Skagafjörður 120, 171
Skálholt 143
Skeiðará 93
Skeiðarársandur *14/15*, *78/79*, 89, *90*, *90/91*, 92 f.
Skjaldbreiður 116
Skjálfandafljót *125*
Sklaverei 21
Skógasandur 174
Skorradal 144
Skorradalsvatn *48/49*
Skriðdalur 145
Skulptur *68/69*, *68*, *69*
Skutulsfjördur 147
Snæfellsjökull 68, *102/103*, 116, 172
Snæfellsnes *8/9*, *101*, *102/103*, *106/107*, 144, 172 f., *172/173*, *173*
Snorralaug 146 f.
Solfataren 117, *134*, *138/139*, *140*, 149, 165, 166
Sozialverhalten 41 ff.
Sport
– Reiten 120, *120*, *141*
– Wandern 149, 168 f., 176
Sprache 19, 39, 98, 123, 141
Staatsform 121 f.
Stakkholtsgjá 176
Steuerhinterziehung 43
Stöng 176
Straumsvík 123
Strokkur *46*, 143
Stykkishólmur *100*, 173, *173*
Súðavík 65
Surtsey *92*, *93*, 116, 174
Surtshellir 147

Tausendjahrfeier *20*, 21
Technologie 17 f.

Tektonik 115, 168
Thule 20
Tierwelt *118*, 121, *124*, *125*, *145*, 146, 165
– Alk 121, 145, 168
– Alpenschneehuhn 121
– Arktischer Krabbentaucher 145
– Dreizehenmöwe 121, 172
– Eissturmvogel 145, *159*, 172
– Gerfalke 121
– Goldregenpfeifer 121, 169
– Gryllteiste 121
– Kormoran 121
– Krähenscharbe 121
– Lumme 168, 172
– Mantelmöwe 121
– Nerz 121
– Papageitaucher 121, *158*, 168
– Pferd siehe Islandpferd
– Polarfuchs 39, *118*, 121, 146
– Raubmöwe *132/133*
– Regenbrachvogel 121
– Rentier 121
– Schaf *124*
– Seehund 146, 168
– Tordalk *118*
Torfajökull 165
Treibeisgrenze 119

Umweltprobleme 70, 93, 95
Umweltschutz 70
Unabhängigkeit 21, 141, 166, 175

Vatnajökull *4/5*, 21, 76, *78/79*, 89, 92, *94*, 116, 118, 146, *146*, 148, 149
Vatnsfjördur *144*
Veidivötn *15*
Vestmannaeyjar (Westmännerinseln) 21, 65, *92/93*, 174
Vesturdalur 148

Viðey 166
Viðidalur 120
Víðimýri 171
Viehabtrieb *124*
Vík *12*, 174, *175*
Víti 115, 143
Vogelfelsen *159*, 172
Vogelwelt *8/9*, *106/107*, *118*, 121, *132/133*, 145, *145*, *158*, *159*, 168 f., 173, 174
Volkslieder *44*
Vulkanismus 20, 21, 69, 71, 77, *84/85*, *86/87*, 89 f., 92 f., *92/93*, *93*, 95, *97*, 115 f., *117*, *138/139*, 142 f., 147 ff., *156/157*, 165, 166, 171, 174

Wasserfälle *14*, *17*, 147, *147*, 176
Weltkrieg, Zweiter 18, 65, 69, 144
Weltwirtschaftskrise 168
Westfjorde *10/11*, 13, 65, *119*, 146, 168 f., *168*, *169*
Westmännerinseln siehe Vestmannaeyjar
Wirtschaft 122 f.
– Fischfang *44*, *45*, 122 f., *123*, *132/133*, 147, 168, 171
– Tourismus 120, 123
Wohnkultur *6/7*, *34*, *35*, *128/129*, *154*, *155*, 173

Zauberwesen 18, 19, 71, 145

Þingvallavatn *56/57*, 175
Þingvellir 20, 21, *56/57*, 99, 116, 121, 174 f., *175*
Þjórsá 175
Þjórsárdalur 20, 175 f.
Þórsmörk *83*, 176
Þrengslaborgir 165

TEXTNACHWEIS

S. 1: Hugo Kocher, Gryla, das Islandpony, in: Das große Buch der Pferdegeschichten. Edition Aktuell, Menden im Sauerland o. J., S. 71.
S. 22: Guðmundur Kamban, Besuch in Reykjavík, in: Moderne Erzähler der Welt. Island. Horst Erdmann Verlag, Tübingen und Basel 1974, S. 57.
S. 46: Peter Christmann, Island. Mythos einer Landschaft. Lundipress Verlag, Eichstätt 1991, S. 66.
S. 72: Achill Moser, Abenteuer Island. Expeditionen in Eis, Lavawüste und Wildwasser. Pietsch Verlag, Stuttgart 1986, S. 58.
S. 100: Jón Óskar, Das Kind, der Hund und ich, in: Moderne Erzähler der Welt. Island. Horst Erdmann Verlag, Tübingen und Basel 1974, S. 276.
S. 124: Sveinn Bergsveinsson, Ein Mann ohne Karriere, in: Moderne Erzähler der Welt. Island. Horst Erdmann Verlag, Tübingen und Basel 1974, S. 202 f.
S. 150: Peter Christmann, Island. Mythos einer Landschaft. Lundipress Verlag, Eichstätt 1991, S. 48.

Die Themen-Essays «Der Beginn einer langen Geschichte – Laxdæla saga» (S. 40), «Auf der Flucht vor Katastrophen» (S. 65), «Die letzte Küste: Wandern in den Westfjorden» (S. 168) sowie der Beitrag «Daten zur Geschichte Islands» (S. 20) stammen von Karl-Ludwig Wetzig, der auch den Auszug aus der «Laxdæla saga» (S. 40) aus dem Isländischen übersetzte.

Den Themen-Essay «Mutig wie die Wikinger: Islandpferde» (S. 120) schrieb Gudrun M. H. Kloes. Sie lebt als Übersetzerin, Journalistin und Reiseleiterin auf dem Reiterhof Brekkulækur in Nordisland und ist Autorin zahlreicher Reportagen und Reiseführer über ihre Wahlheimat. Mitautorin von Begegnung mit dem Horizont «Island» im Verlag C. J. Bucher.

BILDNACHWEIS

Archiv für Kunst und Geschichte, Berlin: S. 18 u. (2), 40 o., 44 u., 45 u., 63.
Bayerische Staatsbibliothek München: S. 41.
Bilderdienst Süddeutscher Verlag, München: S. 21 r.
André Bouchard, Wülfrath: S. 73.
The British Museum, London: S. 19.
dpa, Bildarchiv Frankfurt: S. 21 u.l., 92/93.
Helmut Friedrich, Möhrendorf: S. 96.
Christof Hug-Fleck, Winden: S. 16, 16/17, 97 (4), 115, 117 o., 119, 169 r.u.
Hulton Getty Picture Collection, London: S. 21 o., 42, 44 o.l., 45 o.
Interfoto, München: S. 18 o., 99 r.
Isländische Botschaft, Bonn: S. 21 u.l. (2. Bild v.l.).
Achim Kostrzewa, Brühl: S. 118 r.u. (2), 145 o. (2).
Hans-Joachim Kürtz, Heikendorf: S. 64, 120 l.
Franz-Karl-Maria Freiherr von Linden, Waldsee: S. 40 u., 43 (2), 68/69 (4), 71 l.o., 92, 93, 99 l.
Nationalmuseum von Island, Reykjavík: S. 20 r.u. (Foto: Eymundsson).
Nationalgalerie von Island, Reykjavík: S. 70 (2), 71 r. (© Myndstef).
Raimund Pinter, Merzig: S. 65 r., 94 o. und u.r., 117 u.
Horst Schmeck, Köln: S. 120 r.u., 141.
Walter Sommerhalder, CH - Littau: S. 174.
Hubert Stadler, Fürstenfeldbruck: S. 1, 13, 14 (2), 15 (2), 17, 58, 59, 65 l. (2), 66 o. und M., 83, 94 u.l., 114, 116/117, 120 o., 121 r. (2), 123, 124, 125, 134, 135, 142, 146 r., 147, 148/149 (2), 164, 165, 166 o., 169 r.o., 170 u.l., 173 u., Umschlagrückseite Mitte.
Ullstein Bilderdienst, Berlin: S. 20 l. und r.o., 44 r.o.
Karl-Ludwig Wetzig, Reykjavík: S. 168, 169 l.o.

Wir danken Ingibjörg Jóhannsdóttir von der isländischen Nationalgalerie und Franz-Karl-Maria Freiherr von Linden, Waldsee, für die freundliche Unterstützung.

Alle übrigen Abbildungen stammen von Fritz Dressler, Worpswede.

Die Karten auf Seite 166, 167, 168 und 176 zeichnete Astrid Fischer-Leitl, München.

Vor- und Hintersatz: Der Gullfoss.

Wir danken allen Rechteinhabern für die Erlaubnis zu Nachdruck und Abbildung. Trotz intensiver Bemühungen war es nicht möglich, alle Rechteinhaber zu ermitteln. Wir bitten diese, sich an den Verlag zu wenden.

Alle Angaben dieses Bandes wurden vom Autor sorgfältig recherchiert und vom Verlag auf Stimmigkeit und Aktualität geprüft. Allerdings kann keine Haftung für die Richtigkeit der Informationen übernommen werden. Für Hinweise und Anregungen sind wir jederzeit dankbar.
Zuschriften bitte an
Verlag C. J. Bucher GmbH & Co. KG,
Lektorat, Goethestraße 43,
80336 München.

IMPRESSUM

Konzeption: Axel Schenck
Lektorat: Doris Steinbacher, Susanne Kronester
Bildgestaltung: Joachim Hellmuth
Bilddokumentation: Ulrich Reißer
Graphische Gestaltung:
Martina Lingler
Herstellung: Kristina Kaiser, Angelika Kerscher

Technische Produktion:
Fotosatz Ressemann, Hochstadt;
Amilcare Pizzi, I - Cinisello Balsamo
(Lithografie, Druck und Bindung)

© 1997 by Verlag C. J. Bucher GmbH & Co. KG, München
Alle Rechte vorbehalten
Printed and bound in Italy
ISBN 3 7658 1106 8